Maqaddinkii Xeebaha

Berri-Soomaal

Taariikh-nololeeddii

Xaaji Sharma'arke Cali Saalax

(1776 - 1861)

Axmed Ibraahin Cawaale

Copyright©2014, Ahmed Ibrahim Awale

Daabacaaddii 2aad (2017)

All rights Reserved

ISBN: 978-87-995208-3-1

Liibaan Publishers, Denmark, Copenhagen

Wixii falcelin ah, faallo ama wax-ku-biirin ah ee buuggan ku saabsan waxa aad kala soo xidhiidhi kartaa: **aiawaleh@gmail.com**

Fig. 4. — RADA DI ZEILA (Disegno di G. M. Giulietti)

Sare: Muuqaal dhinaca badda ah oo Saylac, 1877 (Sawir-qaade: G. M. Giulietti

Hoose: Muuqaal magaalada Berbera, 1880aadkii

Tusmo

Mahadnaq

Ugu horrayn, Eebbe (sarree oo korreeye) ayaa mahad iska leh, oo mar kale i karsiiyay in aan buuggan dhammaystiro.

Waxa aanan ka tegayn in aan, sidaas oo kale, u mahadceliyo dhowr qof oo siyaabo kala duwan uga qayb qaatay buugga. Kaltuun Baandey waxa ay ila raadisay ilana wadaagtay qoraallo tixraac ah oo xoojiyay sugnaanta xogaha ku guda jira buuggan.

Waxa kale oo aan mahad halkan uga jeedinayaa Sayid-Axmed Jama (Dhegay), oo ii soo gudbiyay qoraalkii *Heshiiskii Saaxiibtinnimada iyo Ganacsiga* ee dhex maray wakiilkii Ingiriiska magaalada Cadan u fadhiyay iyo beelihii Berbera gacanta ku hayay 1827kii, sidaas oo kalena talooyin iyo dhiirri gelin ii fidiyay. Waxa kale oo mahad ballaadhan iga mudan Ibraahin Yuusuf Axmed (Hawd) iyo Cabdifataax Cumar oo iga gacan siiyay arrimo farsamo oo la xidhiidha habaynta qoraalka, dadaal badanna ku bixiyay qodaxtirka wixii ilduuf ah ee la xidhiidha higgaadda. Sidaas oo kale, Ayaanle oo ka soo jeeda qoyska Xaaji Sharma'arke, ayaa kaalin wax-ku-ool ah oo isugu jira wax-ku-darsi iyo dhiirri gelin ku lahaa buugga. Habaynta dahaadhka (jeldiga) buugga waxa lahaa Shariif Shike.

Qoraaga

Hordhac

Buuggani waa iskuday ku saabsan sooyaalnololeedkii Xaaji Sharma'arke Cali Saalax (oo aan buugga gudahiisa meelaha qaarkood ugu yeedhi doono "Xaajiga"). Waxa laga yaabaa in dad badani is weyddiin karaan "kuma ayuu ahaa Xaaji Sharma'arke?" la-yaabna ma laha oogidda weyddiintan oo kale, marka ay jiraan dad badan oo sooyaalkeenna kaalmo kala duwan kaga jirey, se la moogganyahay. Markanna, waxqabadkii iyo falliimooyinkii halyeynimo, maamul, hoggaamineed, iyo diblamaasiyadeed ee Xaajigu waxa ay noqon lahaayeen qaar u qalma in ay magaca Soomaalida kor u qaadaan, aan se mudnaantii ku habboonayd la siinin – sabab ay doonto ha noqotee.

Waxa ahaa arrin xiise badan in aan qoraal-ahaan ka dhex dheehday barnaamij toddobaadle ah oo Idaacadda Hargeysa ka baxay 16kii Ogost, 1953kii, in uu ku jiray qodobkani: *"Unforgettable Names in Somali History: The Life of the Late Shermarke Ali, the Governor of Zeila"* oo aan sidan AfSoomaali ugu hal tebiyay: *"Magacyo aan la illoobi karin oo ku guda jira Taariikhda Soomaalida: Noloshii Sharma'arke Ali, Badhasaabkii Saylac"*.

Xaajigu waxa uu bogagga taariikhda ku galay "maamulihii magaaloxeebeedka Saylac" badhtamihii qarnigii 19aad. La-yaabna ma laha in loogu yeedhi jiray *"the Political Boss of the Coast"* ama "Kii loo daba fadhiisan jiray siyaasadda xeebta (Soomaaliyeed)[1]. Waxa uu sidaas oo kale, isla qarnigaas,

---

[1] Burton, *First Footsteps in East Africa*, I, 14)

raadayn mug leh ku lahaa, siyaasadda Geeska Bari ee Afrika – isaga oo kaalin mudnaanteeda leh kaga jiray diblamaasiyaddii iyo xidhii<u>dh</u>adii ganacsi ee carriga Soomaaliyeed iyo dhulalka u dhow.

Qof-ahaan, arrinka ku saabsan sooyaalka Xaajigu waxa uu ii ahaa mid iiga dhex tilmaaman dhacdooyinka taariikheed ee Soomaalida, marka la eego dhifnimadiisa (gaarnimadiisa) ku saabsan kaalinta hoggaamineed ee baaxadda weyn leh ee nin Soomaali ahi xilligaas durugsan gacanta ku qabto.

Arrimaha kale ee uu buuggu isku deyi doono in uu furfuris u helo waxa ka mid ah weyddiimahan hoos ku qoran:

Iyada oo Soomaalidu, dhaqan ahaan, qabiil walba degaan lagu yiqiinnay, isla markaana qabiilkaasi dadkiisa, danahiisa iyo duunyadiisa (xoolihiisaa) ku ilaashan jiray, awooddiisana ku muujin jiray degaankaas, maxaa u fududeeyay Xaaji Sharma'arke in uu ka taliyo degaan ka duwan kii reerkiisu ka soo jeeday? Qofnimo (shaqsiyad) jaadkee ah ayuu lahaa oo suurtagelisay in uu ku rumeeyo hankiisa? Raadaynta dibadeed ee ka dhalatay is dhexgalka uu la yeeshay bulshooyinka ka baxsan Soomaalida door intee le'eg ayay ku lahaayeen noloshiisa, wax-qabadkiisa, maamulkiisa iyo guulihii uu dhaliyay? Ugu dambayn, maxaa aynnu ka baran karnaa maamulkii Xaaji Sharma'arke? Saansaanka u dhigan kala qaybsanaanta iyo kala-dambayn la'aanta joogtada ah ee barriinsatay bulshada Soomaaliyeed, xidhiidh intee le'eg ayuu la leeyahay gedda (dabciga) dad ahaaneed ee Soomaalida?

Marka aan meel ku tiiriyo sooyaalnololeedka Xaaji Sharma'arke ee aan bogaggan ku soo tebin doono, waxa kale oo aan isku deyi doonaa in buugga laga dhex dheehan karo waayihii dhaqandhaqaale iyo siyaasadeed ee ka jiray gobolka Geeska Afrika, Jasiiradda Carabta iyo weliba xoogaggii siyaasadeed (siiba kuwii reer Yurub iyo Turkigii) ee uu loollanku ka dhexeeyay ammintii u dhexaysay qarniyadii 15^{aad} ilaa 19^{aad}. Waxa aan sidaas oo kale faahfaahin ka bixin doonaa taariikhda qaar ka mid ah magaaloxeebeedyada ku teedsan badda Gacanka Cadmeed iyo ganacsigii xilliyo kala duwan ka socon jiray.

Buuggani, waxa uu wax-ka-taransi gaar ah u yeelan karaa dadka daneeya taariikhda, diblamaasiyadda, iyo hoggaaminta.

Axmed Ibraahin Cawaale

1

Xaaji Sharma'arke: Yaraantiisii

Taariikhda dhalashada Xaaji Sharma'arke waxa lagu hilaadiyaa in ay ku beegnayd gu'yaashii 1770aadkii ilaaa 1780aadkii. Tusaale ahaan, R. Joint Daguenet, oo qoray *La côte africaine du golfe d'Aden au milieu du XIXe siècle (Xeebta Afrika ee Gacanka Cadmeed badhtamihii Qarnigii 19aad)* waxa uu xuxay in uu dhashay 1776kii. Dhinaca kale, Burton markii uu Saylac ku maray Xaaji Sharma'arke gu'gii 1854kii, isaga oo u sii jeeda Herer, waxa uu da'diisa ku hilaadiyay 60eeyo jir.[2] Ha yeeshee sheegid kale waxa ay muujinaysaa in uu ahaa 85 jir markii uu geeriyooday oo ahayd 1861kii[3], taas oo iyana u dhignaan karta in uu dhashay 1776kii. Charles Johnston oo Xaaji Sharma'arke kula kulmey Berbera 1842kii isaguna waxa uu da'diisa ku hilaadiyay in uu markaa jiray kontoneeyo gu'.[4]

Xaajigu waxa uu ku dhashay dhul miyi ah oo aan ka fogayn magaalaxeebeedka Shalcaw ee u dhexaysa Berbera iyo Xiis, waxana uu ku negaa degaankaas xilligii dhallinyaranimadiisii ilaa uu ka gaadhayay 18 jir. Waxa geddiisii (dabcigiisii) qaabeeyay, si la mid ah qof kasta oo Soomaaliyeed, habnololeedka adag ee ka jiray carriga iyo colaadda joogtada

---

[2] Richard Burton, <u>First Footsteps,</u> I, 14
[3] James, Frank Lindsay, <u>*The Visit of Frederick Forbes*</u>
[4] Johnston, Charles, <u>Travels in Southern Abbysinia through the Country of Adal to the Kingdom of Shoa,</u> Vol. I, (1844) p. 25

ah. Waa nolol aan jixinjix lahayn oo liid iyo haydalas kaga hadho nolosha meel aan durugsanayn. Madaxbannaani jacaylka, isla qummanaanta (*qof walba kitaab qummane la yidhaahdo baa qoorta loo sudhay e*), dirirbadnaanta, u dheganuglaanta baaqa tolka – haddii ay tahay abaabul dagaal iyo mid dhaqaaleba, aftahannimada, deeqsinnimada iyo gobnimada uu qof kasta oo Soomaali ahi jeclaa in uu ku sifoobo – tilmaamahaas oo wadarahaantood ka dhigta qofka Soomaaliga ah shakhsiyad lagu jahawareero dhab-ka-sheegidda geddiisa – ayaa isugu tegay ama laga garan karayay qofnimada Xaajiga.

Reerka uu Xaajigu ka dhashay waxa ay hidde u lahaayeen naakhuudaynta badda iyo isaga gooshitaanka magaalaxeebeedyada ku kala yaallaa Badda Cas, Khaliijka Cadmeed iyo Hindiya. Magaalada Cadan oo soo jiidan jirtay dadyoow kala duwan (istaraatiijinimadeeda awgeed), isla markaana aan ka fogayn xeebaha waqooyi ee carriga Soomaaliyeed, waxa degganaa qaar ka mid ah tolkiisa – siiba adeerkii Yuusuf Boore Cawad. Halkaas baana Sharma'arke oo kuray ah loogu geeyay adeerkii.

2

Magaalada Cadan (1790-1850)

Bilowgii qarnigii 188aad, magaalada Cadani xilliyadaas aad ayaa ay u yarayd, waxana si joogto ah ugu noolaa tiro dad ah oo aan ka badnayn dhowr boqol oo qof oo isugu jira Carab, Yuhuud, Baaniyaallo, Soomaali iyo addoon. Nolosha Cadmeed xilligaas waa ay adkayd. Carabta badankoodu waxa ay daban jireen (jillaaban jireen) kalluunka. Kol haddii ay marin u ahayd xujaaj badan oo dalalka bariga (siiba Hindiya) ka yimaadda, waxa ay xilliga Xajka u fidin jireen adeeg kala duwan oo ay ka mid yihiin biyaha, xaabada iyo wixii sahay kale ah ee ay u baahdaan. Yuhuudda qaarkood waxa ay ka shaqayn jireen tumaalidda dahabka, lacagta (fidda), ka ganacsiga luulka, qalabka dumarku qurux ahaan u qaataan sida cambarshaha, murriyadaha[5], hilqadaha (dhegoxidh), shaqadaha,[6] jijimada,[7] baraarugaha,[8] Kaatunnada, xirsiga,[9] iyo kuwa carruurta loo xidhi jiray, sida xaafidka, makaawiga raggu qoorta ku xidhan jireen iwm. Waxa kale oo ay khamiirin jireen sabiibta si ay khamri uga diyaariyaan. Qaarkoodna waa ay xammaalan

---

[5] Mirriyad = Kuul qalin ama dahab ka samysan oo dumarku qoorta ku xidhan jireen.

[6] Silis lagu taxay lacag dahab ah.

[7] Jijin = Garangaro yar oo dahab ama qalin ah oo dumarku cududaha gashadaan.

[8] Baraarug = Dugaagad bir ama maar ah oo carruurta gacanta ama lugta loogu xidho si ayan hurdada uga soo sasin.

[9] Xirsi = Sida xaafidka ayaa loo samayn jiray, gudaha waa uu ku lahaa jeeb la geliyo waraaq ay duco ama Qur'aan ku qoran yahay.

jireen, ama fuundiyo (wastaaddo) iyo farsamayaqanno ayay ahaayeen. Dhinaca kale, Baaniyaalladu waxa ay kooto ku haysteen ganacsiga. Soomaalidu badiba waxa ay Cadan iman jirtay xilliga badfuranka. Waxoogaa goor ah ayay badankoodu ku negaan jireen; marka ay waxoogaa lacag ah xoogsadaanna dalkooda ayay ku laaban jireen. Waxa ay ka ganacsan jireen adhiga, geela, lo'da, fardaha, subagga, xabkaha, hargaha iyo saamaha, malabka, iwm. Waxa kale oo ay Soomaalidu ka shaqayn jireen dejinta iyo raridda dhuxuldhagaxda tamarta looga dhigi jiray maraakiibta. Qaar badan oo iyaga ka mid ah ayaa degay Cadan oo dekadda kaga shaqayn jiray xammaalasho. Qaarkood ganacsi yaryar ayay ku foogganaayeen: Sida macdaarro (dukaanno) iyo goobaha soorta ama shaaha lagu karsho. Qaar kale waxa ay lahaayeen doonyo oo waxa ay isaga gooshi jireen magaalaxeebeedyada Gacanka Cadmeed, Khaliijka, Hindiya iyo Badda Cas. Kuwo kale waxa ay wadan jireen huudhiyaal alaabooyinka lagaga soo daabbulo ama lagu gaadhsiiyo doonyaha (ka hor intii aan dekadda la samaynin). Xilliyo dambe (hilaaddii 1856kii oo tirada dadka ku nooli gaadheen 21,000 oo qof),[10] magaalada Cadanina noqotay mid ka mid ah goobaha ganacsi ee ugu ballaadhan Bariga Dhexe, waxa ay Soomaalidu aad uga muuqdeen dhinacyo badan oo nolosha dhaqandhaqaale ee Cadmeed. Tusaale ahaan, waxa ay kooto ku haysteen wadidda ama kaxaynta gaadhifaraska oo ahaa gaadiidka ugu mudan ee magaalada lagu dhex raaco. Waxa kale oo ay si la mid ah kooto ku haysteen gaadiidka yaryar ee badda ee doonyaha waaweyn iyo maraakiibta lagaga soo daabbulo alaabta si ay

---

10 R. J. Gavin, <u>Aden under the British Rule, 1839-1967</u> (London, 1975), 445

dekadda u soo gaadhsiiyaan, kol haddii aanay xilligaas
dekaddu qaadi karaynin in ay ku soo xidhaan maraakiibta
waaweyni. Gu'yaashii 1870eeyadii, in ka badan 700 oo
Soomaali ah ayaa ka shaqayn jiray doonyaha yaryar ee
daabbulka, waxana uu u muuqday ganacsi iyaga u xidhan.[11]
Waxa kale oo jiray dumar Soomaaliyeed oo caw ama maydho
suuqyada ku falkin jiray oo ka samayn jiray dermooyin qurux
badan. Cawdu waxa ay ka baxdaa gudaha iyo dacallada
dooxyada dhulka Gubanka. Waxa kale oo ay hufi jireen oo kala
shaandhayn jireen xabkaha. Waxa ay diyaarin jireen oo iibin
jireen cunnooyinka ay ka mid yihiin kidaar, mucbeel iyo kibis
(kimis).[12] Kidaarku waxa uu ahaa kimis qaro weyn, adagna oo
laga samayn jiray hadhuudhka.

---

[11] Janet J. Ewald, Crossers of the Sea: Slaves, Freedmen and Other
Migrants in the Western Indian Ocean, cira 1750 - 1914
[12] Kour, Z. K., the History of Aden (1839-1872), pp 6-15

3

Guud-mar: Taariikhda Saylac

Qoraalka ama warbixinta ugu faca weyn   ee laga qoray magaaloxeebeedyada Soomaaliyeed, siiba kuwa ku yaal Gacanka Cadmeed (oo xilliyo hore loo yaqiinnay Gacanka Berbera) waxa uu ahaa *The Periplus of the Erythraean Sea*. Qoraalkaas waxa qoray nin Giriig ah oo naakhuude ahaa, aan se magaciisa la haynin. Qoraalkaasi waxa uu ahaa hage loogu talo galay maraakiibta isaga dhex gooshi jirtay marsooyinka Badda Cas iyo Bariga Afrika, Gacanka Berbera (Cadmeed), Gacanka Beershiya (Iiraan) iyo Hindiya, isla markaana ka war bixinaayay ganacsiga iyo dadyowgii ku noolaa dhulalkaas. Qoraalkaas waxa la qoray qarnigii 1^{aad} ee miilaadi ka dib (MKD), waxa ku dhex xusan war bixintan ku saaban magaalada Saylac:

> [...] Kaddib hilaaddii 400 oo *Stadia*,[13] marka loo shiraacdo dhinaca bari, isla xeebtaas, waxa jiray saylado kale oo ay leeyihiin Berberku[14], oo loo yaqaanno marsooyinka *"farside"*;[15]

---

[13] *Stadia*: Waxa uu ahaan jiray cabbir lagu hilaadiyo fogaanta. Waxana uu halka *Stadia* u dhigmi jiray garoon dhererkii (185 mitir).

[14] Berber = Waa magac la filayo in uu ka hor baxay magaca 'Soomaali' oo loogu yeedhi jiray dadkii ku noolaa carriga Soomaaliyeed. Al Mascuudi (geeriooday 345 Hijra) waxa uu ku sheegay 'Khaliij al Berber' in la odhan jiray badda u dhexaysa berri Soomaali iyo berri Carab, ee maanta loo yaqaanno Khaliijka

oo xeebta ku teedsan ama is daba yaal, oo aan se lahayn marsooyin, ha yeeshe ay ka jiraan qoorriyo ay maraakiibtu dabaylaha gabbaad kaga dhigtaan kuna xidhan karaan (barroosinkooda dhigan karaan), si aan kacdoon maayadeed lahaynna u oolli karaan. Ta (sayladda) ugu horraysa waxa la yidhaahdaa Avalites (Saylac); Halkan, fogaan-ahaan, socdaalka Berri-Carab ilaa "Far-Side" waa meesha ay isugu dhow yihiin. Halkan waa magaalo-sayladeed yar oo Saylac ah, oo lagu gaadhi karo doonyo iyo huudhiyo. Waxa loo soo dhoofshaa meeshan, waxyaabo quraarado (muraayado) ka sameysan oo kala jaad jaad ah; tuujis (casiir) laga sameeyay cinab la dhanaaniyay oo laga keenay Diospolis;[16] dhar kala jaad jaad ah oo loogu talo galay Berberka (Soomaalida); qamandi, khamri laga tuujiyay cinab, iyo waxoogaa maar ah (qasdiir). Waxa (sidoo kale) laga dhoofin jiray, mararka qaarkoodna ay dhoofin jireen Berberku (Soomaalidu) oo ay badda kala tallaabi jireen xawaashiyo, fool-maroodi aan badnayn, qolofta diinka, iyo wax yar oo malmal ah, ha yeeshee ahaa jaadka ugu firi wanaagsan. Dadka Berberka ah ee meeshaas ku nooli waxa ay ahaayeen qaar xadhig lama sitaan ah, la loodin karin, lana maamuli karin.[17]

Cadmeed. Sida uu qoray Dr. Maxammed Xuseein Macallin Cali, Al Mascuudi waxa uu ahaa qofkii ugu horreeyay ee kala sooca labada qolo ee sita magaca 'berber' – kuwa ku nool waaqooyiga Afrika iyo Soomaalida oo la odhon jiray 'ehl-u-Berber'. (A-thaqaafa al-Carabiya wa-Waariduha fi-Soomaali, 2011)

[15] "Farside": Waa erey sidaas ugu qornaa qoraalkaas taariikhiga ah. Waxa loola jeedaa Beeyada jaadka ugu fiican oo carriga Soomaaliyeed uun laga heli jiray.

[16] Diospolis (Magaaldii Eebbe), waxa la filayaa in ay ahayd magaalda (Tiibah/Thebes) ee ku dhinac taallay webiga Niil. Magacu waxa uu baxay xilligii Roomaanka iyo Bataalimada (Ptolomies).

[17] Cutubka 8[aad] ee <u>The Peripuls of the Erythrean Sea</u>.

Warbixintan sare waxa ay muujinaysaa in magaalada Saylac ahayd meel is mara ah (cammiran) oo dhaqdhaqaaq xooggan oo ganacsi ka socon jiray.

Ibnu Badduuda (1304-1368), dalmareenkii reer Marooko, mar uu booqday Saylac gu'gii 1331kii MKD, waxa uu dadka deggan carriga Soomaaliyeed siiba xeebaha waqooyi ku sheegay 'Barbarkii Madoobaa' iyo in aanay ahayn Xabashi iyo Carabtoona, kana soo jeedeen isir gooni ah. Mar kale waxa uu xusay in ay ahaayeen dad dagaal badan oo musdambeedkooda nololeed yahay reerguuraanimo, isla markaana ku howllan ganacsi.

Ibn Badduuda oo faahfaahin kooban ka bixiyay carriga Soomaaliyeed baaxaddiisa, dadka ku nool iyo diinta ay rumaysnaayeen, ayaa sidan yidhi:

> [..]…Markaas baan Cadan uga baqoolay (uga amba baxay) dhinaca badda, afar cisho ka dibna (waxaan gaadhay) Saylac, degaankii reer Berbera (Soomaali), oo ah dad madow, oo mad'habtoodu Shaafici tahay.   Dhulku waa lama-degaan baaxaddiisu ballaadhan yahay, waxana loo kala socon karaa laba bilood; qaybtan baalleed waxa loo yaqaan Saylac, ta dacalka shishe u xigtana waa Muqdisho. Ha yeeshee dadka intooda badani waa Raafidiyiin (Shiico). Dhuuniga ay quutaanna waa hilib geel iyo kalluun…"

Istaraatiijinnada Saylac aawadeed, waxa ay had iyo goor ahayd meel ay ku loollamaan xoogag kala duwani – haddii ay yihiin Xabashi, Carab, Boortaqiis iyo Turki ba. Haddaba badhtamihii qarnigii 16aad ayaa dawladdii Cusmaaniyiinta Turkiga ay maamulka Sayalc gacanta ku dhigtay. Waxana ay ka hirgelisay nidaam cashuur ururineed iyo sugidda ammaanka magaalada oo xarun ganacsi u ahayd (ka sokow Soomaalida) ganacsato Carbeed, Iiraaniyiin, iyo Hindi. Sidaas oo kale, waxa ay Saylac u ahayd marin ganacsiga ku socda ama ka imanayaa gudaha Itoobiya.

Ilaa dabayaaqadii qarnigaa 19aad, Saylac waxa ay ahaan jirtay meel ganacsi baaxad lehi ka socon jiray, si xooggana ugu xidhnaan jirtay Herer iyo guud ahaan buuraleyda Itoobiya. Xilliyada qaarkoodna waxa lagu tilmaami jiray in ay tahay goobta ugu weyn ee Bariga-waaqooyi ee Afrika uu ka socon jiray addoonsigu – iyada oo addoomahaas si toddobaadle ah looga dhoofin jiray oo ay gaadhi jireen sayladaha berri-Carab, Iiraan iyo dhulal ka sii durugsan.

Magaalada waxa ku meersanaan jiray derbi jooggiisu ahaa 6-8 mitir ah, oo qaab dhiskiisu uu eekaa ka Herer, kana samaysnaa dhagaxa shacaabiga badda. Waxana la sheegaa in la dhisay qarnigii 16aad si uu u baajiyo weerarrada magaalada kaga yimaadda reer-guuraaga kacdoonka badan. Afar irridood ayaa magaalada laga geli jiray, lagana bixi jiray. Maamulka Saylac ma oggolaan jiray in hub lala soo galo; ciddii bannaanka ka timaaddana, hubkooda waxa loogu hayn jiray kadinka oo ay joogeen ilaalo. Waxa kale oo dhaqan ahaa in goorta ay fiidka noqoto in la soo xidho irridaha; mana jirin cid soo gasha ama ka baxda ilaa waagu beryo.

Mid ka mid ah qabriyada ugu doorka roon ee ka dhisan Saylac waxa ku duugan Sheekh Ibraahin Abu Zarbeyn oo ka soo jeeda Xadramawt. Waxa la sheegaa in uu diin-fidiye ahaa, amminna ku negaa Herer, qarnigii 15aad, dad badanina gacantiisa ku hanuuneen, kaddibna ku soo laabtay Saylac oo uu ku geeriyooday. Soomaalida iyo Canfartuba aad ayaa ay qaddariyaan. Waxa kale oo la sheegaa in Sheekh Abu Zarbeyn yahay ninkii geedka qaadka u gudbiyay Yaman. Zaylac mar waxa ay ahaan jirtay sal-dhigga Saldanaddii Adal ee soo shaac baxday qarnigii 9aad. Se markii ay Saladanaddaas kala daadatay, Saylac waxa ay sii ahayd xarun ganacsi oo door-roonaanteeda leh oo Itoobiya ku xidhiidhisa dibedda.

Sida uu qoray Major (Mijir) Rayne, Carabtii ugu horraysay ee timaadda Saylac, si joogto ah uma ay degin, bal se waxa ay iman jireen uun xilliga badfuranka ee ganacsigu furan yahay, ka dibna waxa ay ku laaban jireen Berri-Carab.[18] Sidaas oo kale, raadad ku yaalla Jasiiradda Sacaada Diin oo Saylac u jirta 7.5 km oo ay ka mid yihiin berkado iyo jajab weel dhoobo ka samaysan ayaa muujinaya in goobtaas ay ka jirtay degsiimo. Waxana ay u dhowdahay in jasiiraddu ahaan jirtay meel dhufays ah oo maamuleyaashii hore ee Saylac u caymadi jireen marka dagaal lagaga awood roonaado. Sidaas oo kale, in Saylac lagu wareejiyo xayndaab dhagax ka samaysani waxa ay muujin u tahay in magaaladaasi ahayd meel indha badan lagu hayn jiray, oo xoogag iyo gacmo kala duwani isu weydaarteen.

Mid ka mid ah wax soo saarka Saylac waxa uu ahaa luulka oo ay soo saari jireen niman Yamaniyiin ah iyo biddeyaal xilliyo hore la xoreeyay oo ku dhaqmay magaalada. Ha yeeshee, farsamadii soo gurashada luulka iyo ganacsigiisiba haataan waa abaadday.[19]

---

[18] Rayne, M. C. H., <u>Sun, Sand and Somals</u>. (1921); Pp. 14,

[19] Al-Bayruuni, ayaa qoraya in luulku ka mid ahaa waxyaabaha laga dhoofiyo Saylac (Ali Ahmed Jimale, *the Invention of Somalia*, p.10, the Red Sea Press Inc. 1995)

Ugu dambayn, in hoos-u-dhac weyni ku yimaaddo Saylac, isla markaana ay soo gunaanadanto kaalintii udubdhexaadnimo ee ay magaaladaas kaga jirtay ganacsiga, is dhexgalka iyo wada xidhiidhka bulshooyin kala duwan, waxa soo dedejiyay dhisitaanka dhabbada tareenka ee Jabuuti iyo Itoobiya. [20] Dadkii ku noolaa badankooduna waxa ay u guureen Jabuuti.

---

[20] Dhabbada tareenka isku xidha Jabbuuti iyo Addis Ababa waxa la dhammays tiray 17/06/1917. Waxana uu mashruucaasi soo maray geeddi-socod dheer oo mar hakad gelay – laga soo bilaabo markii Faransiisku go'aansaday in ay dhisaan oo ahayd 27/04/1896.

Qarnigii 19aad iyo Xeebaha Waqooyi

Bilowgii qarnigii 19[aad], waxa uu ugu bishay xeebaha waqooyi ee Berri Soomaal iyo Badda Casba in xoogagga ay ka mid yihiin Ingiriiska, Talyaaniga, Faransiiska iyo Ruushku daneeyaan badahaas iyo dhulalka ku xeeran. Haddaba Ingiriiska oo Hindiya haystay ama dano badan ku lahaa, iyada oo ay Shirkaddii loo yiqiinnay *Bariga Hindiya* (British East India Company) uga wakiil ahayd, ayaa isha ku hayay, ammaanka badda Gacanka Berbera, Badda Cas iyo Badda Dhexe (Mideteranean Sea) oo ahaa jidka ugu toobiyaysan ee u dhexeeya Hindiya iyo dalka Ingiriiska.

Dhaqdhaqaaqyadii siyaasadeed ee Yurub ka jiray xilligaas waxa ugu mudnaa hoobadkii ay ku sii siqaysay Imbaraadooriyaddii Cusmaaniyiintii Turkiga. Waxa ay ahayd 1844kii markii Imbaraadoorkii Ruushka, Tsar Nicholas I, uu Imbaraadooriyaddii Turkiga u bixiyay 'Ninkii reer Yurub ee Bukay', taas oo looga jeedo hoos u dhaca ku yimid xooggiisii iyo ilbaxnimadii uu beryo ku naalloon jiray. Kolkaas Ingiriisku waxa uu indho gaar ah ku eegayay dhaqdhaqaaqa Faransiiska iyo Ruushka oo laga fili karo in ay bililiqaystaan dhulalkii uu Turkigu ka talin jiray. Hilaaddii 1830aadkii ayaa maamulkii Ingiriis ee carriga Hindiya uu bilaabeen in ay sahamin sameeyaan – taas oo ku aaddan dadyowgii ku noolaa xeebaha Waqooyi ee carriga Soomaaliyeed iyo dhulka ka dambeeya.

Ingiriisku waxa uu Cadan degay 1839kii. Waxana uu u doortay ahaanshiiyaha ay tahay goob istaraatiiji ah oo isku xidhi jirtay ganacsigii uu Ingiriisku la lahaa Hindiya, Bariga Dhexe iyo Bariga Afrika iyo dhinaca kale Yurub. Ciidan culus ayuu Ingiriisku dejiyay Cadan si ay u sugaan nabadgelyada maraakiibtooda ganacsiga iyo dadkiisaba, isla markaana feejignaan uga sameeyaan budhcadbadeedda iyo xoogag kaleba. Mudnaanta kale ee ay lahayd magaalada Cadani waxa ay ahayd, iyada oo ahayd goob sahaysiineed oo maraakiibta lagaga raro tamarta dhuxuldhagaxda ee ay makiinadahoodu ku shaqayn jireen, biyo iyo wixii baahiyo ah ee kale ee ay u baahan jireen. Haddaba ciidankaas xooggan ee Cadan degganaa ayaa dhulka Berri Soomaal looga qaadi jiray xoolaha nool. Ingiriisku waxa kale oo uu guda galay, laga soo bilaabo 1827kii in uu beelaha Soomaliyeed ee xeebaha waqooyi deggan heshiisyo gaar gaar ah la galo. Heshiisyadaasi se badankoodu waxa ay dhaceen intii u dhexaysay 1862-1886kii.

Si la mid ah, Faransiiska iyo Talyaaniguna midkoodba waxa uu iskii u bilaabay tartan loogu jiro xeebaha iyo berrigaba. Faransiisku waxa uu xarun sahaysiineed oo loogu adeego maraakiibta dhuxuldhagaxda u baahan ka samaystay Obokh 1862kii, halka Talyaaniguna mid ka samaystay Casab oo ku taal Eriteeriya gu'gii 1869kii. Ha yeeshee Faransiisku waxa uu ammin yar ka dib u soo guuray goobta ay Jabuuti maanta ku taal. Saddexdaas dal oo ka qayb qaatay "qaybsashadii Afrika" waxa ku biiray oo tartan geeska bari ee Afrika kula galay Menelik II oo boqorkii Itoobiya noqday 1889kii.

Dhaqdhaqaaqyadaas siyaasadeed waxa ay dareen geliyeen Maamulihii Masar, Maxamed Cali Baasha (1769-1849), oo wakiil dhulkaas uga ahaa Imbaraadoorkii Turkiga, maxaa yeelay Cusmaaniyiinta ayaa xilliyo hore sheegan jirtay xeebahaas badda Cas iyo Khaliijka Berbera (Cadmeed). Sheegashada Turkiga ee xeebahaas waxa loo celin karaa in ay salka ku hayso qarniyadii 15^{aad} iyo 16^{aad}, markii uu Turkigu gacan taageero iyo ciidan isugu jirta u fidiyay Axmed-Guray, xilligii uu la dagaallamayay Xabashida. Gu'gii 1870kii ayaa Masaaridu ka taageen bandiiraddoodii (calankoodii) magaalaxeebeedyada Saylac, Bullaxaar iyo Berbera.

Sannadkii 1870-kii ayaa Khadiiwigii Masar (Khadiiwi Ismaaciil I), oo dalkiisu hoos iman jiray Dawladdii Cusmaaniyiinta, oggolaansho ka helay Turkiga si uu maamulkiisa uu hoos keeno Saylac, isaga oo ballan qaaday in uu bixin doono lacag dhan 18,000 oo Giniga Ingiriiska ah. Ha yeeshee Khadiiwigii Masar Saylac uun kuma joogsan e, waxa uu ciidamo u diray Herer si uu u qabsado. Waxa kale oo uu isku fidiyay Berbera iyo Bullaxaar isaga oo aan kala tashan Suldaankii Turkiga (Suldaan Abdulcasiis). Ha yeeshee sidaas oo kale, ilaa 1877kii waxa jiray heshiis dhex maray Khadiiwi Ismaaciil iyo Ingiriiska oo u oggolaanaya in uu maamul shuruudo ku xidhanyihiin ku maamula xeebta waqooyi oo idil, ilaa laga gaadhayo Raas Xaafuun/Gees Gaardaafuu (Gardafuul). Waxa uu Ingiriisku sidaas u yeelayay in aysan meeli uga bannaanaanin xoogaggii reer Yurub sida siiba Talyaaniga iyo Faransiiska. Waxana qodobbada heshiiska ka mid ahayd in Khadiiwigii Masar aanu u oggolaanin awood kale oo reer Yurub ah in ay soo degaan dhulalkaas, se waxa uu ku calool samaa in uu u wakiisho Masaaridii – illeyn 'ushaada waxa loo dhiibtaa cid aad ka qaadi karto e.' Waxa kale oo qodobbada heshiiska ka mid ahaa in ay la dagaallamaan ganacsiga addoomaha, iyo sidoo kale in ganacsiga xeebahaasi xor ahaado, oo weliba danaha ganacsi ee Ingiriisku aanay wiiqmin.   Muddadaas gudaheeda, waxa Ingiriiska u joogay xeebaha wakiillo u shaqeeya qaab qunsuliyadeed oo kale.[21]   Mar kale, heshiiskaasina ma uu ahayn mid uu oggolaaday Suldaankii Turkigu. Se heshiiskaasi si fiican uma dhaqan gelin, tii oo Masaaridi isa siisay xeebtii Soomaaliyeed.

Mudnaanta xeebaha waqooyi waxa xilligaas sii xoojiyay furitaankii marinbadeedka Kanaalka Suweys (1869kii). Taasina waxa ay Masaaridii ku dhiirrigelisay in ay maalgelin ku sameeyaan kaabeyaal muhiim ah oo ku yaal xeebahaas. Waxana ka mid ahaa dekado, noobiyado, biyo gelin, iyo guriyo gaashaaman (*blockhouses*) oo loogu talo galay in magaalooyinka laga ilaaliyo.   Ha yeeshee kacdoonkii Mahdiyiinta Suudaan (1881-1889) ayaa culays ku keenay Masar, waxana ay go'aansadeen in ay ka guuraan xeebihii waqooyiga. Wixii xilligaas ka dambeeyay Ingiriiskii baa la wareegay xeebahaas.

Bilowgii hore, Ingiriisku waa uu ka giigay tallaabadii ay Masaaridu isugu fidiyeen xeebta Soomaaliyeed, ha yeeshee, haddana (1877kii) waxa uu garwaaqsaday in tallaabadaasi hakin u noqon karto fiditaanka xoogagga kale ee reer Yurub.

---

[21] Krishnamurthy Venkat Ram, <u>Anglo-Ethiopian Relations, 1869 to 1906: A Study of British Policy in Ethiopia</u>, Concept Publishing Company, New Delhi. (2009)

Ha yeeshee, culayska Masaarida kaga yimid dhinaca Suudaan oo kacdoon iyo iska-caabbin ka dhan ah Masaaridii iyo xulafadoodii Ingiriis ka bilaabmatay (1881-1899), oo uu abaabulay Muhammad Ahmad "Al-Mahdi" ayaa ku xambaaray in ay ka guuraan xeebaha Soomaaliyeed iyo weliba Herer oo ay hore Masaaridu u qabsatay. Haddaba fongortaas ay banneeyeen Masaaridii waxa ay ku xanbaartay Ingiriiskii in uu bilaabo ama unko heshiisyo hor leh oo uu la galo beelaha Soomaaliyeed. Heshiisyadaas oo ahaa qaar 'maxmiyadeed' (ilaalin) waxa ay dhaceen intii u dhexaysay 1884 ilaa 1886kii. Waxana uu Ingiriisku dejiyay Berbera, Bullaxaar iyo Saylac wakiillo Ingiriis ah oo ka amar qaata wakiilkoodii Cadan degganaa. Boqor Menelik II waxa uu isna tartankii dhulboobka ku bilaabay in uu qabsado Herer, oo ay banneeyeen Masaaridii, ka dibna waxa uu maamulkiisii uga sii gudbay dhulka Soomaaliyeed ee Bariga Itoobiya.

5

Dhacdo saamayn weyn ku yeelatay nolosha Xaajiga

In kasta oo aan la hubin da'da uu Xaajigu ku tegay Cadan, haddana waxa caan ah dhacdo saamayn weyn ku yeelatay noloshiisa. Dhacdadaasi waxa ay dhex martay isaga iyo adeerkii Yuusuf Boore Cawad oo ahaa ganacsade degganaa Cadan, isla markaana barbaarinta Sharma'arke gacanta ku hayay. Xilligaas waxa Sharma'arke da'diisa lau hilaadiyay labaatan (20) jir isku darsaday qurux, dherer iyo xarrago. Ha yeeshee nuqsaanta u wehelisaa waxa ay ahayd isaga oo aan jeclaan jirin xoogsashada. Arrintanina waxa ay ahayd dhaqan aanay Soomaalidu soo dhoweysan jirin. Adeerkii waxa uu habdhaqankaas u arki jiray bar madow oo qoyska ku taalla. Waana dhaqan u dhigma tilmaanta xooladhaqatada dhexdooda caanka ka ah ee "xoolamoogi" ama "danlaawenimo". Nolosha dhulka miyiga ah qof wal oo ka mid ah qoyska reer guuraaga ahi waxa uu u xil saaran yahay ama ku foofaa dan ama dano qabatinkoodu laga maarmaan yihiin, haddii la wadeeceeyana arrinkaasi u dhigmi karo geeri iyo nolol. Waxsheeg qayaxan, waano joogto ah iyo saluug uu Yuusuf la beegsaday Sharma'arke waxba kama ay doorin geddiisii - illeyn dhegahii waansan uun baa waansan e. Ka dib waxa uu go'aansday in uu ku tijaabiyo toosintiisa arrin layaab

leh oo uu u kaalmaystay tolkiisii Cadan joogay. Waxa uu
Yuusuf markan adeegsaday hadal iyo falaad kooban oo uu ka
dhex yidhi tolkiisa, ha yeeshee Sharma'arke ku noqday
karbaashid nafsi ah.

Yuusuf waxa uu fidiyay martiqaad hadhimo (qado) oo uu
ballamiyay tolkiisii Cadan la degganaa. Sidaas oo kale, waxa
uu war geliyay Sharma'arke yare. Xilligii loo ballamay baa la
gaadhay. Hadhimadii baa la soo dhigay. Tirada dadka oo
badnayd waxa cuntadii ka koobnayd hilibka iyo bariiska lagu
guray weel balballaadhan – taas oo ay koox waliba isku
meegaareen (gadaameen) goob gaar ah, iyada oo la moodo
sidii ay shax ciyaarayaan. Waxa ay ku dul fadhiyeen
dermooyiin ka samaysan caw laga keenay xeebaha Berri
Soomaal. Yuusuf waxa uu dhinaciisa soo fadhiisiyay
Sharma'arke.

Bismille iyo shifo ka dib, markii la bilaabay cunistii soorta,
isaga oo Yuusuf eeganaaya gacangelintii Sharma'arke, ayaa uu
mar keliya dhudhunka tudh siiyay (qabtay) oo cod dheer si
cadho ku jirto ku yidhi: "Waar Eebbaa nin kaa dhigay e, wax
aad shaqaysato ayaa la cunaa!"

Mar keliya ayaa tolkii meesha ku wada qadaynayay ay
indhahoodii ku soo jeediyeen Sharma'arke. Cid hadashay iyo
cid garowshiiyo siisayna ma jirin. Maxaa yeelay habdhaqanka
inanka waa la ogaa. Sidaas daraaddeed, isla markiiba wuu ka
kacay soortii, irriddiina waa ka baxay. Xaggaas iyo dhinacii
xeebta ayuu cadhadii ula kacay; araggiisiina waxa uu ku
fidiyay biyaha Gacanka Cadmeed oo dabayshii Shimaalka ee
xilliga badfuranka dhici jirtay ay oogada badda u yeeshay

xarfasho iyo luuro yaryar. Mawjadaha iska daba imanayay waxa ay tamartoodu ku idlaanayeen bataaxda/burciidda xeebta iyaga oo kicinayay xumbo cad oo la moodo maro Maxamuudi[22] aan bar uskag ah lahayn, waxana hor yaacayay qolofley iyo xamaaratooyin ka mid ah noolaha badda sida: Carsaanyo badeed, hangarale-badeed (abu-maqas) iyo qaar kale.

Cabbaar buu kolba dhinac u lugeeyey xeebtii fidsanayd, isaga oo ay ku weyn tahay canaantii uu la beegsaday adeerkii, goor uu ku dhex sugnaa tolweynaha dhexdiisa. Mararka qaarkoodna sidii uu fikirkaas ugu maqnaa ayaaba biyihii badda ee butaacoodi ku soo gebagebboonayeen meel aan ka fogayn halkii uu lugaynayay ay ka qooyaan kabihiisii jaangeriga ahaa.

Mar labaad ayuu dhinaca badda jalleecay. Dhaqdhaqaaq badan baa meesha ka jira: Doonyo dekadda ku soo xidhanaya oo badeecooyin laga soo daabbulayo, iyo qaar kale oo isu diyaarinaya in ay shiraacdaan. Cadani waxa ay xilligaas kulmin jirtay ganacsi baaxad leh oo dhinacyo badan isaga yimaadda una kala goosha, sida magaalaxeebeedyada ay ka mid yihiin Maydh/Xiis, Bender Qaasin (Boosaaso), Berbera, Saylac, Mukha, Bumbay, Suur, Suweys, Sinjibaar iyo qaar kale.

Horaa loo yidhi '*ciil kama kace carruurtaa taqaanna!*' Ma uu rabin in uu sidii Baaniyaalkii ay Soomaalidu ku tilmaami jirtay jiljilayca iyo catowga (cataabidda) ku suntanaado nuxurka afarraydan ay isku maaweelin jireen carruurta reer Berbera:

---

[22] Maxamuudi = waa maro cudbi ka samaysan oo Hindiya laga keeni jiray. Soomaaliduna (rag iyo dumarba) xidhan jireen iyaga oo u qaabaysta kolba sida ku habboon dharxidhashadooda.

Hindi baabaa
bariiskii weli
ma bislaanine
badda orodoo
ka barooroo
ba'ayeey dheh!

Mar qudha ayuun buu hurgufay oo kor u laliyay go'iisii sare ee baftada ahaa, waxana uu muujiyay qaarkiisii sare, qoortiisa oo qardhaas saan maas ah lagu jaxaasay uga laalaaddo, iyo muruqyadiisii ku maroorsamay, kuna malaasmay afartii waran ee u sidan jiray (halka ay Soomaalidu laba waran ka qaadan jirtay),[23] bootintii, caddaloolkii iyo legdankii barbaarta. Isla markiiba waxa uu iska dhaadhiciyay in burjigiisu (biligiisu) billaan doono haddii uu badda u xoogsi tago. Baddu waa adag tahay, nin-adayg uun baa ka bixi kara, waxna kala soo bixi kara. Waa biimo, waa baqdin, waa hoyga budhcadbadeedda, waa boholyoow, botorkii ciyaareedna lagama yaqaan. Tiro badanaa baddan baaca weyn lehi inta qof ee ay boggeeda gashatay, iyo inta bahal ee dhexdeeda mushaaxayaa!

Mar saddexaad ayuu Sharma'arke araggiisa ku fidiyay fogaanta badda hirkeeda, ilaa meesha ay iska galaan labada madow ee cirka iyo baddu. Waxana maankiisa ku soo xoomay muuqaallo iyo filashooyin indhasarcaad ah oo uu sheekooyin kaga maqli jiray badmareenno Soomaaliyeed oo marka ay sheekaynayaan dhegaha loogu raariciyo si dhaygag iyo xiise badani ku jiro. Xarragada iyo fadhoocinimada ay muujiyaanna waa mid la wada majiirto. Ka sokow, dhaayaha Sharma'arke uga soo kordhi kara dhoofka, waxa maskaxdiisa

---

[23] Meel dambe ayaan ku faahfaahiyay afarta waran ee uu ku dagaal geli jiray X. Sharma'arke yaraantiisii.

musdambeedkeeda ku labanlegdoonayay samaynta kadin geel ah iyo qorigii lagu ilaalin lahaa iyo u geedfadhiisiga gabadh bilcoon oo geedkaas le'eg.

Socod aan soohdin lahayn oo suudal ku sidkan yahay waa saansaan la moodo in Eebbe (SoK) ku sargooyay Soomaalida. Waa sidii dhagax shalwad ah oo buur sinteed ka soo rogrogmaya, meesha ay madaxa dhigaanna waxa ay noqotaa hoygoodii. La-yaabna ma aha in dacallada dunida lagu arki jiray, xilliyo aan dhoweyn, dad Soomaaliyeed oo ku filiqsan magaalaxeebeedyo caan ah sida: Soor bisleeye meherad ku haysta Niyuu Yoorag, dillaal reer Bumbay ah, badmareenno iskaga dhex goosha dekado kala duwan sida Cantawerb (Antwerp), Kaardif, Atiina iyo qaar kale.

Haddaba yaa wax ka sheegi kara waxa ku hoos jira hillaabta timaaddada u gaarka ah Sharma'arke ee ku suntanaan doonta guulo xidhiidh ah oo isugu jira magac, maal iyo awood maamul! Canaantii uu kala kulmay adeerkii waxa ay ka dhex oogtay dhimbiil tamareed oo isaga ku dhaqaajisay in uu gaadho laanqayrtii jidkiisa nololeed. Laga bilaabo ammintaasna, waxa uu gudo galay in uu qarxiyo awoodaha ku dahsoon dubaaqiisa.

Xeebtii waxa uu kula kulmay nin Soomaaliyeed oo lahaa doonni, isla markaana naakhuude ka ahaa doontiisa. Waxana uu Sharma'arke ka codsaday ninkii in uu doonnida ka shaqo geliyo. Ju_dh_ii iyo hadal hortiiba, waxa naakhuudihii xiise geliyay, soona jiitay wiilkan xoogga ah iyo sida ay shaqada doontu ugu baahan tahay tamar badnaan – siiba maaraynta shiraaca doonta oo udubdhexaad u ah socodkeeda.

Haa, biligiisu waa baxsanaa kol haddii uu badda u xoogsi
tegay. Weliba isaga uun kuma koobnaanin e, naakhuudihii
shaqada geliyayna waa uu ku badhaadhay wiilkan
barkhadeed. Safarkii ugu horreeyayba waxa uu naakhuudihii
helay dheef iyo macaash aad uga badan intii uu hore u heli
jiray. Dhowr gooshitaan ka dib, waxa uu macaashkii u gooyay
doonni cusub.   Haddaba si uu u dhiirri geliyo Sharma'arke,
waxa uu ugu ballan qaaday haddii dhowr gooshitaan oo kale
ay helaan macaash la mid ah in uu doontaba gebi ahaanteed
isaga siin doono. Eebbe idankii, qorshihi sidii buu u dhacay.
Halkaasna waxa uu ku hantiyay ama ku xoogsaday doontiisii
ugu horraysay.

6

Badbaadintii Markabkii Mary Anne

Dhacdo labaad oo leh doorroonaanteeda oo ka qayb qaadatay soo shaac baxa magaca iyo qofnimada Xaaji Sharma'arke waxa ay ahayd gurmadkiisii iyo badbaadintii uu u fidiyay Markab la odhon jiray "Mary Anne", iyo badmareennadii la socday oo ay koox Soomaaliyeed ku weerartay, kuna boobtay agagaarka Berbera, dadkii la socdayna qaar ay laayeen, kaddibna marki uu ku soo caariyay xeebta Berbera. Gurmadkaas uu Xaajigu fidiyay waxa ka soo gaadhay nabar daran oo gacanta kaga dhacay. [24] Waxana uu dhacdadaas iyo wixii uu ka yeelay Ingiriiska kaga mutaystay caddayn (shahaadad sharaf) iyo abaalmarin. Caddayntaas waxa qoray Kabtan Bagnold oo ahaa wakiilkii Ingiriiska u fadhiyay magaalada Mukha ee dalka Yaman. Sidan soo socota ayay u qornayd:

---

[24] Yasin Mohamed Yasin, cilmi-baadhe dalka Jabuuti u dhashay iyo qoraaga taysada Jaamacadeed "Regional Dynamics of Inter-ethnic Conflicts in the Horn of Africa: An Analysis of the Afar-Somali Conflict in Ethiopia and Djibouti (PhD dissertation (2010), Hamburg University), waxa uu qoray in Xaaji Sharma'arke oo markaas nin dhallin yar ahaa, uu markabkaas abbaan u ahaa. Dhaqan Soomaaliyeed ayaa ahaa in cidda ama qofka cid kale abbaan u ahi uu ka mas'uul yahay badbaadada hantidiisa iyo naftiisaba.

"This Testimonial, together with an Honorary dress, is presented by the British Resident at Mocha to Nagoda Shurmarkey Ally Sumaulley, in token of esteem and regard for his humane and gallant conduct at the Port of Burburra, on the coast of Africa, April 10, 1825, in saving the lives of Captain William Lingard, chief officer of the Brig Mary Anne, when that vessel was attached and plundered by the natives. The said Nagoda is therefore strongly recommended to the notice and good offices of Europeans in general, but particularly so to all English gentlemen visiting these seas."[25]

Waa tan haltebintii qoraalkan sare:

"Caddayntan ah Shahaado Sharaf oo ay weheliso jubbad-sharafeed (*Honorary Dress*), waxa Naakhuude Sharma'arke Cali Soomaali guddoonsiiyay Wakiilka Ingiriiska ee Mukha, oo lagu abaalmarinaayo laguna tixgelinaayo sidii sharafta iyo geesinimada lahayd ee uu ka yeelay dhacdo ka dhacday badda Berbera, oo ku taalla xeebta Afrika, 10-kii bishii Abril, 1825-kii, badbaadintiisii Kabtan William Lingard, madaxii markabkii Brig Mary Anne, ka dib markii ay soo weerareen isla markaana boob ku ekaysiiyeen koox Soomaali ahi.

Haddaba, Naakhuudaha halkan ku sheeggan waxa, guud ahaan, si xooggan loogu soo jeedinayaa xafiisyada reer Yurub, si gaar ahna dhammaan mudaneyaasha Ingiriis ee soo booqanaya ama ku socdaalaya badahan, ogaalkiisa iyo ka warhayntiisa."

Caddayntan iyo qalab-sharafeedka weheliyay waxa Xaaji Sharma'arke lagu guddoonsiiyey magaalada Bumbay, bishii May 1825. (Yasin, 2010)

---

[25] Burton, the First Footsteps in East Africa. Bogga 13.

Dhacdadaasi waxa ka dhashay in Ingiriisku tallaabo adag ka qaado reer Berbera, isaga oo labadii kalganacsi ee gu'yaashii 1825 iyo 1826kii mid walba bandoogareeyay Berbera, si uu ugu cadaadiyo in ay magdhow ka bixiyaan boobkii iyo gubiddii ay kula kaceen markabkii "Marianne" iyo dilkii qaar ka mid ah (3 ilaa 4) askar Hindi ah oo badmaaxiin ka ahayd markabka. Faahfaahinta sare ee uu bixiyay Burton, waxa dheer, sida uu qoray Frederick Forbes (1808-1841) oo soo maray, waxna ka qoray Berbera, karbaashkaas lala maagganaa reer Berbera sidii la doonayay in uu u shaqayn waayay sannadkii hore. Waxa kale oo uu Forbes xusay in lacagtii magdhowga ahayd ay ka soo xerootay lix kun oo gini (£6,000) – taas oo si sannadle ah ay reer Berberi u bixin jireen. Dhinaca kale, Burton waxa uu sheegayaa in bandoogii Berbera laga qaaday 1833kii – siddeed (8) gu' kaddib markii arrinkaasi dhacay.[26] Heshiiskii arrintan lagu maaraynayay ee uu Ingiriisku la galay reer Berbera, waxa markhaati ka ahaa Xaaji Sharma'arke. Haddaba marka meel lagu tiirsho in uu Xaajigu ganacsade ahaa, waxa ay dhacdadaasi kansho (fursad) u siisay in uu, sidoo kale, ku lammaaneeyo siyaasadda, hoggaaminta, maaraynta is-maan-dhaafyada iyo awoodqaybsiga (power broker).

Dhinaca, kale, Lieutenant (Lafdhan) R. Ethersey oo wax ka qoray Berbera (1836), waxa uu rumaysnaa in dhacdadaasi ahayd mid ay soo abaabuleen ganacsatadii Baaniyaalladu,[27]

---

[26] The Visit of Frederick Forbes to the Somali Coast in 1833. Edited by Roy Bridges

[27] Frederick Forbes oo booqday Berbera 1833, waxa loo sheegay in Naakhuudeyaal Carbeed ay ka dambeeyeen kicinta Soomaalidu in ay boobaan markabkaas, sababo la xidhiidha tartan ganacsi. (The

iyaga oo aan rabin in doonyaha ganacsi ee Ingiriis ka qayb galaan ganacsiga Berbera.

Waa tan sida uu qoray:

"The Author observes that the African tribes frequenting Burburra are now much better acquainted with the European character than they were formerly, and that no vessel going there for the purpose of trade, need fear the disastrous fate of the Brig Marianne, which was cut off in 1825 by the Somaulis, at the instigation, the Author believes, of the Banians, whose policy it was to prevent European vessels from participating in this trade." [28]

Waa tan tarjumaddii xigashadan sare:

"Qoraagani waxa uu arkay in beelaha Afrikaanka ah ee sida joogtada ah ugu soo noqnoqda Berbera ay hadda, si ka xeel dheer sidii ay hore wax u ahaan jireen, ay la-qabsi la yeesheen dabciga reer Yurub, [29] taasoo uusan jirin markab Berbera ganacsi u tega, in looga baqo in ay ku timaaddo, mid la mid ah, dhacdadii lagu hoogay ee markabkii Marianne, oo ay Soomaalidu weerartay 1825kii, oo ahaa arrin ay dhaqdhaqaajiyeen Baaniyaalladu, sida qoraagu rumaysanyahay, oo ayna uga dan lahaayeen in ay markaakiibta Yurubiyaanka ka hor joogsadaan ka-qayb-galka ganacsigan."

Visit of Frederick Forbes to the Somali Coast in 1833 – edited by Roy Bridges)

[28] Leutienant R. Ethersey, Information on the Town of Burburra (1836). Bogga 287. Transacations of Bombay Geographical Society (1836-1838)

[29] Hawraartan waxa laga dhex dhadhansan karaa in Ingiriisku muujiyay awooddiisii, taasina farriin cad u noqotay Soomaalidii reer Berbera.

Tebin kale oo dhacdadaas iyo wixii ka unkamay ku saabsan waxa lagu qoray buugga *"The History of the Indian Navy"* (1613-1863): Gu'gii 1827kii, laba markab oo kuwa dagaalka ah, oo kala ahaa "Amherst" iyo "Tamar", ayaa loo adeegsaday in lagu bandoogareeyo, laguna cunaqabateeyo Berbera iyo magaaloxeebeedyada ka ag dhowdhow, inta ka dhexaysa Siyaaro oo dhinaca bari Berber aka xigta ilaa Buurta Almis oo Bullaxaar galbeed ka xigta, si loogu karbaasho, magdhowna looga helo Soomalida oo 1825kii ku boobtay markab Ingiriisku lahaa "Mary Anne", iyo dilkii qaar ka mid ah badmaaxiintii saarnayd. Kaddibna, madaxdhaqameedkii reer Berbera iyo bulshadii ayaa oggolaaday in bixinta magdhowgii, halkaas oo ay ku bixiyeen qayb ka mid ah, kuna ballan qaadeen in ay inta hadhay hafto ku bixin doonaan laba (2) gu' gudahood. Weliba heshiiskaas, ka hor intii aan la gabagebayn, waxa uu Ingiriiski gubay Berbera, oo uu khasaare yari (*slight loss*) ka soo gaadhay, sida ku qoran buuggaas. Ha yeeshee, ballanqaadkii bixinta hadhaaga lacagtii magdhowga ahayd kama ay fulin dhinacii Soomaalida. Mar kale, 1832, waxa soo rogaal celiyay Ingiriiskii oo watay markab dagaal oo magaciisa la odhon jiray "Tigris" oo lagu bandoogareeyay xeebtii. Dhacdooyinkaasi waxa ka dhashay in si joogto ah Ingiriisku xeebta ugu kormeero mid ama laba markab si ay u waardiyeeyaan.[30]

---

[30] Charles Rathbone Low, <u>The History of the Indian Navy (1613-1863)</u>, p 478. Cambridge University Press, first published in 1877; digitalized version 2012.

7

Taariikhdii Siyaasadeed ee Xaajiga

Sooyaalka Saylac oo ahaa mid soo taxnaa ammin aad u dheer, iyo weliba doorroonaanteeda Istaraatiijiyadeed, waxa ay ahayd goob marar badan loollan loogu jiri jiray gacan ku haynteeda. Xilliyo aad u durugsan (qarnigii 1aad miilaadi ka dib) waxa la fili karaa in Saylac ay ka talin jireen dad loo aqoonsanaan karo in ay ahaayeen Soomaali. [31] Ha yeeshee, xilliyo dambe oo xidhiidhsan, siiba qariniyadii 14aad ilaa 17aad iyo weliba bilowgii qarnigii 18aad, waxa Saylac ka talin jiray dad ka soo jeeda Jasiiradda Carabta, siiba Yamanta. Haddaba Xaaji Sharma'arke waxa uu sooyaalka ku galay ninkii Soomaaliyeed ee soo gebagebeeyay gacan-ku-hayntii Carabta ammin dheer oo xidhiidh ah.

Burton oo ahaa nin aad u fiiro dheer, marka uu wax ama cid sifaynayana dhinacyo badan ka eegi jiray ayaa ahaa cidda ugu mudan ee wax ka qortay Xaaji Sharma'arke. Burton waxa uu soo gaadhay Saylac 1854kii, isaga oo yoolkiisu ahaa in uu gaadho magaalada Herer. Faahfaahinta safarkaas waxa uu ku

---

[31] <u>The Periplus of the Erythraean Sea</u> oo naakhude Giriig ahi qoray qarnigii 1aad MKD, waxa ku xusan in dad magacoodu taariikhda ku galay 'Barbar' ama 'Barbarkii Madoobaa' oo sooyaal-yahannadu u fasirtaan in ay ahaayeen Soomaali ay degganaayeen Saylac.

qoray buuggiisa caanka ah ee *The First Footsteps in East Africa* ama "Tallaabooyinkii ugu Horreeyay ee Bariga Afrika."[32]

Magaca buuggaas Burton marka loo fiirsado, akhristuhu waxa uu u qaadan karaa in Burton ahaa ninkii ugu horreeyay ee reer Yurub ee soo gaadha Bariga Afrika. Ha yeeshee, waxa jiray socoto ka horraysay oo socdaal ku gaalaabixisay carriga Soomaaliyeed oo uu ka mid ahaa Lafdhan Cruttenden oo maray xeebaha iyo gudaha waqooyiga iyo waqooyiga bari ee carriga Soomaaliyeed 1847kii, ka dibna ku tebiyay warka socdaalkiisii qoraalkiisii *The Western Edoor Tribes* ama *Iidoorka Gulbeed*. Waxa kale oo ka mid ahaa socotadaas: W. C. Barkar oo soo gaadhay xeebaha waqooyi 1840kii; John Studdy Leigh oo soo gaadhay Berbera 1838-1839kii,[33] Charles Johnston oo Berbera soo maray 1842kii iyo qaar kale. Haddaba kol haddii Burton ahaa socdaalyahan biime ah oo socdaallo kala duwan ku galaabixiyay meelo kala duwan oo ka mid ah dunida sida dalka Hindiya, xeebaha badda Cas iyo Khaliijka, imaatinkiisa carriga Soomaaliyeed isaga waxa ay u ahayd socdaalkiisii ama tallaabooyinkiisii ugu horreeyay ee uu ku soo caga dhigto Geeska Afrika. Marka dhinacaas laga eego magac bixinta buuggiisu waa saxan tahay.

Burton oo ku negaa Saylac 26 maalmood, ka hor intii aanu u amba bixin socdaalkiisii halista badnaa ee Herer, waxa uu fiiradheeraantiisa innagu barayaa dhinacyo kala duwan oo ku saabsan qofnimada iyo waxqabadka Xaaji Sharma'arke.

---

[32] Waxa jira buuggan oo Af Soomaali uu ku tarjumay qoraa/cilmi-baadhe Boodheri Warsame, oo soo baxay 2017, Loox Press, London.
[33] James Kirkman, John Studdy Leigh in Somalia, The International Journal of African Historical Studies, Vol. 8, No. 3 (1975), pp. 441-456

Waxa uu Burton, ugu horrayn, ku tilmaamay in Xaajigu yahay qof si fiican uga dhex muuqda dadka – joog ahaan iyo qofnimo ahaanba. Dhererkiisu waxa uu ku dhowaa laba mitir, waxaana uu u dhashay qaraweynaan ama lafaweynaan ku qarsoon dhererkiisa iyo jubbadda dheer ee uu xidhnaan jiray. Midabkiisu waa furnaa oo waxa uu xigay muuqa Carabta oo kale. Madaxa waa uu muldhin jiray, shaarubaha waa uu xiiri jiray, timaha gadhka oo uu cillaan mariyayna waa uu sii dayn jiray. Qaabkaasina waxa uu ahaa, sida uu sheegay Burton, mid lagu yiqiinnay culimada iyo duqayda ku xidhiidhsan mad-habta Shaaficiga. Xilligii uu Burton la kulmay Xaajiga waxa uu sheegay in uu il la'aa. Iintaasina waxa ay ka soo gaadhay booqasho uu Cadan ugu tegay dhakhtar indhood, aan se guulaysanin, sidaana uu ku beelay ishiisii. Waxa kale oo uu sheegay in isha kalena la soo caddaanaysay da'.

Qaabka dharxidhashadiisu waa ka Carabta, waxana uu goor kasta xidhnaan jiray seef af ballaadhan oo gacanqabsigeeda la lacageeyay. Farsamada lacagaynta ulaha ama seefaha, oo halkan looga jeedo in lagu qurxiyo macdanta lacagta (fidda) ama dahabka cad, waxa lagu yiqiinnay Yuhuudda oo si baahsan ugu dhex filiqsanayd bulshada Muslimiinta - iyaga oo ugu dhex noolaan jiray si nabadgelyo ah. [34] Magaalaxeebeedyada carriga Soomaaliyeedna, siiba Berbera iyo Saylac, waxa ku noolaan jiray ama degganaan jiray dad Yuhuud ah.[35]

---

[34] Waa tii ku jirtay gabaygii Cabdi Gahayr: "Usha lacag ah laaskiyo dubbuhu wey ku lumiyeene...."
[35] Joogitaanka Yuhuudda ee magaalooyinka ay ka mid yihiin Berbera iyo Saylac waa uu soo dhowaaday ilaa badhtamihii qarnigii 20aad.

Yaraantiisii, Xaaji Sharma'arke waxa uu ahaa nin lagu sheego dadnimo wanaag iyo deeqsinimo. Waxa kale oo uu lahaa qofnimo aad u xooggan oo ay weheliso Alle-ka-cabsi, isku-kalsoonaan, dhiirranaan iyo hal-adayg – kuwaas oo dhammaantood dadka uu la fal gelayo ku sameeya raadayn dhalisa in ay xaggiisa (aragti ahaan) u soo janjeedhsamaan.

Geesinimo iyo dhiirranaan inta uu ka qabo, sida uu Burton sheegay, waxa uu sidan jiray xilliga dirirta afar waran, marka la barbar dhigo labada waran ee ay Soomaalidu qaadan jirtay.[36] Waana muuqan kartaa inaysan fududayn maaraynta iyo adeegsiga afar waran mar keliya. Waxa aynnu halkan kala soo dhex bixi karnaa awoodda jidheed ee Sharma'arke. Waxa kale oo uu sheegay Burton, in nabarka Xaajigu yaraantiisii uu qof kale gaadhsiiyaa si toos loo garan jiray ama loola xidhiidhin jiray. Taas oo aynnu u fasiran karno darnaanta dhaawaca uu cid kale gaadhsiiyo.

Charles Johnston oo faallo ka bixiyay Xaajiga, xilli uu ku soo maray Berbera (1842kii), waxa uu yidhi:

"The well-known Shurmalkee *(Sharma'arke)*, or Allee Allee, his real name, is now upwards of fifty years old, tall, thin, with slightly stooping shoulders; his face long, with small quickly moving eyes, and thin white beard. The only deviation from

---

Tusaale ahaan, dhismeyaal tirabadan oo ay Berbera ku lahaayeen waxa bilowgii 1940-aadkii ka iibsaday ganacsade Xaaji Jaamac Maxamed (Xaaji Mia'tayn). Magaalada Saylac oo aan looga horraynin dhimashadeeda dhisitaankii dhabbada tareenka oo la dhammeeyay 1917 ee Faransiisku sameeyay, Yuhuuddii joogi jirtay waxa ay badhkood u guureen Jabuuti qaarna Yaman. kaddibna tirooyin ka mid ahi uga sii guureen Israa'iil.

[36] Burton, <u>The First Footsteps in East Africa</u> (bogga 14)

the usual dress of his countrymen is a white cotton cloth turban, a distinction, with the title of sheikh, generally assumed by those who can read the Koran, or have performed the pilgrimage to Mecca." [37]

Waa tan xigashadan qoraalka sare:

"Ninkan Sharma'arke ah ee caan baxay, hadda konton gu' kor buu u dhaafay, waa nin dheer, dhuuban, oo ay garbihiisu waxoogaa soo godan yihiin, foolkiisuna (wejigiisuna) dheer yahay; waxana uu qabaa indho yaryar oo dhaqdhaqaaq badan (feejignaan?), iyo timo-gadheed yar oo cirraysan. Dhinaca dharxidhashada waxa keliya ee uu dadka uu la dhashay ee Soomaaliyeed kaga duwanaa waxa ay ahayd cumaamadda, oo astaan u ah culimada, oo badi loo aqoonsado kuwa Qur'aanka akhriyi yaqaanna, ama kuwa soo gutay faralka Xashka.

Burton se, xilligii uu la kulmay, waxa uu ahaa hilaaddii lixdaneeyo jir. Sidaas oo ay jirto, haddana waxa ka yaabiyay hanka iyo hammiga ku jira Xaajiga. Waxa uu sheegay in da'daas uu yahay weli xoog ahaa, waxa ka buuxday firfircooni, waxana uu ahaa mid goor walba u taagan in fursad weyni soo hor marto. Ha ahaato fursad uu cid kale xoog ku muquuniyo, ama mid uu ku xoojinayo awooddiisa iyo dhaqaalihiisa. Qodobkan oo uu sii faahfaahinayo Burton, waxa u yidhi:

"With one foot in the grace, he meditates nothing but the conquest of Harar and Berberah, which, making him master of

---

[37] Johnston, Charles, Travels in Southern Abbysinia through the Country of Adal to the Kingdom of Shoa, Vol. I, (1844) p. 25.

the seaboard, would soon extend his power as in days of old even to Abyssinia."[38]

[...] iyada oo uu labadiisa lugood mid kula jiro iilka (da' weynaan awgeed), ayaa haddana waxa soo hor mara (u muuqda) ama uu haweystaa qabsashada Herer iyo Berbera – taas oo ka dhigaysa isaga ka aan loo daba fadhiisan (ka qaddima ama akhira) dhulka xeebaha ah, waxa uu weliba u hanqal taagayaa sidii uu maamulkiisa ugu fidin lahaa carriga Xabashida."

Hanwaynida, ku-dhaca iyo dhiirranaanta Xaajiga waxa aynnu ka dheehan karnaa dhacdadan soo socota oo ku saabsan sidii uu u qabsaday ama ula wareegay maamulkii Saylac.

Sida uu Major (Mijir) Rayne ku qoray buuggiisii *Sun, Sand and Somals*, Xaaji Sharma'arke waxa uu xukunka Saylac kala wareegay, ama ka afgembiyay nin Carab ah (Muxamed Al-Barr) oo magaalada ka talin jiray.[39]   Maalin maalmaha ka mid ah ayaa Xaaji Sharma'arke u yimid ninkii Carabka ahaa, una sheegay in uu u yimid in uu kala wareegi rabo xukunka.   Ha yeeshee waa uu iska dhega maray soo jeedintii Xaajiga, maxaa yeelay ma uu maqal cid weligii sidaas ula hadasha. Xaajigu se hadal kama uu sii dhurin e, ammin yar uun buu dib ugu laabtay Xudeyda, oo uu ka hor imaatinkiisii Saylac ka soo baqoolay, halkaas oo uu hore uga soo qaatay oggolaanshiyo maamulkii Cusmaaniyiinta (Turkiga) in uu wakiil uga noqdo Saylac.

---

[38] Burton, The First Footsteps in East Africa, bogga 14.
[39] Mohamed Osman Omer, qoraaga buugga The Scramble in the Horn of Africa: History of Somalia (1827-1977), waxa uu qorayaa in Muxamed Al-Barr uu ahaa abbaanduullaha ciidamada Mukha, ka hor intii aanu xukunka Saylac la wareegin. Eeg bogga 55.

Kaddib waxa uu la yimid ciidan ka kooban 50 Soomaali ah oo ku hubaysan qoryo afka/dhuunta laga cabbeeyo iyo laba qori oo ah kuwa la jiido (madfac). Waxana uu ciidankaas iyo hubkaba ku soo rartay laba doonyood oo uu soo kiraystay. Ka dibna wax kale oo ka dhaqaajiya ama iska hor taaga in uu gacanta ku dhigo maamulka Saylac ma ay jirin. Ha yeeshee muran isaga iyo Carabkii isku adkaynayay xukunka magaalada dhex maray waxa uu Xaajigu ku soo af jaray dayaankii labadii madfac oo afka/dhuunta looga buuxiyay baaruud iyo niis oo uu ka riday meel u dhow xayndaabkii Saylac. Intaas kaddib Carabkii iyo dabasocodkiisii, oo aan weligood maqlin qarax iyo dayaan la mid ah kaas oo kale, ayaa cabsi awgeed cagahoodii maalay.

Sidaas ayuu Xaajigu ku galay Saylac isaga oo guulaysan, kulana wareegay maamulkeedii. Markiibana waxa uu guda galay, in uu u gacan haadiyo, soona dhoweeyo beelihii ku hareeraysnaa Saylac. Waxana uu muujiyay Xaajigu intii uu ka talinayay Saylac in lagu naaloodo maamulwanaag, iyo kobac dhaqaale oo u soo hoyda dadkii reer Saylac. Haddaba, wax laga fisho ayey ahayd in maamulkiisii suubbanaa (sida uu u qoray Lafdhan W. C. Baker 1840kii oo ka mid ahaa ciidamadii Ingiriis ee Hindiya) in maamulwanaaggiisu kor u qaado ganacsigii ka dhexeeyay Herer iyo Saylac.[40]

Laga soo bilaabo 1559, waxa ay Saylac magac ahaan keliya uga tirsanayd Imbaraadooriyaddii Cusmaaniyiinta (Turkiga), ha yeeshee gu'yaashii u dhexeeyay 1821 iyo 1841, maamulihii Masar ee la odhan jiray Maxamed Cali Baasha, ayaa Yaman iyo aagga Saaxil oo ay ku jirto Saylac hoos keenay maamulkiisa.

---

[40] Lieutenant (Lafdhan) Baker, <u>On Easterm Africa</u>, 1848. P 9.

Ha yeeshee, ka dib markii ay Masaaridu dib uga gurteen Xeebahaas gu'gii 1841, ayaa Xaaji Sharma'arke, oo awoodihiisa iyo saamayntiisa qof ahaaneed ay u dheerayd ganacsi ballaadhaan oo uu gacanta ku hayay, oggolaansho uu kula wareegi rabay xeebahaas ku helay Firmaan[41] – isaga oo heshiiskaas la galay maamulihii Xudayda (Yemen).

Haddaba, gancan-ku-hayntii Xaaji Sharma'arke ee Saylac waxa ay markiiba raad togan ku yeelatay magaaladaas, waxana uu rumeeyay hammigiisii ahaa in uu kooto ku qabsado ganacsigii gobolka ka jiray (Berbera ilaa Tojorra). Intaas waxa weliba dheerayd in uu indhaha ku hayay sidii uu awooddiisa ugu fidin lahaa Herer iyo Hawdka shishe.

Durbadiiba 1845kii, waxa uu Xaaji Sharma'arke ka hawl geliyay Berbera waxoogaa askar ah oo qoryoolay ah si uu maamulkeeda ugala wareego reero xurguf joogta ahi ka dhexayn jirtay oo inta badan isku haysan jiray dhaqaalaha Berbera laga helo.[42] Arrintan iyo hanka ballaadhan ee Xaaji Sharma'arke waxa ay cabsi xoog leh ku beertay Amiirkii Herer (Abu Bakar), iyaga oo labadooduba marka horeba madaxa iskula jiray. Waxa uu Amiirku ka werwersanaa cidhibta ka dhalan doonta dhaqdhaqaaqyada Xaajiga iyo saamaynta ay ku yeelan karaysay ganacsiga magaaladiisa (Herer). Sidaas daraaddeed, waxa uu Amiirkii ku boorriyay hoggaamiyeyaashii beelihii danaha dhaqaale iskaga soo horjeeday ee reer Berbera in ay heshiiyaan isla markaana ay

---

[41] Firmaan = Waa oggolaansho qoraal ah oo ka soo bixi jiray guriga Imbaraadooriyadda Turkiga.
[42] Abir, Mordechai (1968). Ethiopia: the era of the princes: the challenge of Islam and re-unification of the Christian Empire, 1769-1855. Praeger. p. 18.

iskacaabbin ku sameeyaan ciidamadii Xaajiga ee Berbera degganaa.[43]

Firfircoonidii Xaaji Sharma'arke iyo rabitaankiisii (damaciisa) ballaadhan ee uu Burton sheegay waxa ka dhashay in Amiirkii Herer uu arrimahaas xidhiidh kala sameeyo badhasaabkii Ingiriiska u fadhiyay Cadan. Weliba halkaas kuma uu joogsan Amir Abu Bakar e, waxa uu xabsiga u taxaabay wakiilkii Xaaji Sharma'arke u fadhiyay Herer. Xaajiguna markaas falcelintii uu ku kacay waxa ay ahayd in uu ku qanciyo wiilkii Sahle Salassie, oo ahaa Boqorkii Shewa ee Itoobiya, in uu xidho 300 oo Hereriyiin ah oo ku noolaa ama degganaa boqortooyadii Shewa.[44]

Waxa kale oo aynnu halkan wax ka iftiimin doonnaa xidhiidhadii kala duwanaa ee uu la lahaa Xaajigu dawladihii xilligaas dhaqdhaqaaqoodu ka jiray Bariga Dhexe iyo Geeska Afrika oo uu ka dhex muuqday waxqabadkiisii. Tusaale ahaan, 1840kii, waxa uu ahaa ninkii ka hawlgalay gorgortankii ka dhexeeyay shirkaddii *East India Company* (ee Ingiriiska u qaabbilsanayd maamulka Hindiya iyo Cadan) iyo qabiilooyinkii Soomaaliyeed, waxana wada-hadalladaasi ku gebageboobeen 'heshiisyo saaxiibtinnimo' oo Soomaalida dhexdooda ku caan baxay 'Heshiisyadii Saamaha'.[45]

Heshiiskii ugu horreeyay waxa uu dhacay 1827kii waxa se lagu daba cidhbiyay heshiisyo kale (kol haddii uu Ingiriisku

---

[43] I.M. Lewis, A Modern History of the Somali, fourth edition (Oxford: James Currey, 2002), p.43 & 49
[44] (Burton, *First Footsteps*, pp. 176 and note)
[45] Newman, James, L. Paths without Glory: Richard F Burton in Africa; p 36. Potomac Books Inc.; 1 edition (December 2009)

beelbeel ula galay), ilaa ay ku soo gebageboobeen 1840-kii. Sidaas oo kale, sida aynnu meel dambe ku xusi doonno, heshiisiyo loogu yeedho 'heshiisyo ilaalineed' (*protectorate treaties*), oo haddii loo dhabba galo aan ahayn uun sida uu Ingiriisku u fasirtay, bal se uu danihiisana ku ilaashanayay. Heshiiska hore ee 1827kii guntamay waxa uu daba socday dhacdadii ahayd boobkii iyo gubiddii la gaadhsiiyay markabkii "Marianne" iyo dilkii loo gaystay qaar ka mid ah badmaaxiintii saarnayd (1825kii).

British East India Company[46] waxa ay ahayd shirkad Ingiriis ah oo bilow ahaan loo xil saaray in ay ka ganacsato dhulalkii la isku odhan jiray East Indies oo ka koobnaa dalalka ay maanta ka mid yihiin Hindiya, Baakistaan, Siri Laanka, Bangladesh, Malleesiya iyo qaar kale, ha yeeshee dhaqdhaqaaqeedii ganacsi iyo maamul waxa uu ku soo ururay Hindiya iyo dhulalka ku dhow. Shirkaddan waxa ay degtay magaalada Cadan 1839kii. Waxana soo dedejiyay degitaanka Ingiriis ee magaalada Cadan ka dib markii 1837kii markab Ingiriisku leeyahay, magaciisana la odhon jiray *Darya Dawlat*, oo ku caariyay xeebta Cadmeed la boobay, si xunna loola dhaqmay badmaaxiintii la socotay.[47]

---

[46] Gu'gii 1858 ayaa *Shirkaddii East India Company* ay hantideedii, shaqaalaheedii iyo dhulkii ay maamuli jirtay ku wareejisay Boqortooyada Ingiriiska. Heshiisyadii beelaha Soomaaliyeed ay la gashayna si la mid ah baa loogu wareejiyay – in kasta oo ay Soomaalida isugu mid ahayd (wax faraq ah aysan u samaynayn), maxaa yeelay waxa ay weli la xidhiidhayeen ama la dhaqmayeen isla dadkii Shirkadda u shaqayn jiray. Arrinka ugu weyn ee soo dedejiyay in Boqortooyada Ingiriisku la wareegto Shirkadda waxa ay ahayd iyada oo dhaqaale ahaan is bixin weyday.

[47] Z. H. Kour, The History of Aden 1839-1972, Frank Cass & Co Ltd., (2005). P. 8.

Ingiriisku waxa uu Cadan u degay ahaanshiiyaha ay tahay goob istaraatiiji ah oo isku xidhi jirtay ganacsigii uu Ingiriisku la lahaa Hindiya, Bariga Dhexe, Bariga Afrika iyo dhinaca kale Yurub. Ciidan culus ayuu Ingiriisku dejiyay Cadan si ay u sugaan nabadgelyada maraakiibtooda ganacsiga iyo dadkiisaba, isla markaana feejignaan uga sameeyaan budhcadbadeedda iyo xoogag kaleba. Mudnaanta kale ee ay lahayd magaalada Cadani waxa ay tahay iyado oo ahayd goob sahaysiined oo maraakiibta lagaga raro tamarta dhuxuldhagaxda ay makiinadahoodu ku shaqayn jireen, iyo weliba biyo iyo wixii adeeg kale ah ee ay u baahan jireen. Kol haddii dhulka Cadmeed ay xooluhu ku yaraayeen, waxa lagama maarmaan noqotay in shirkaddii *East India Company* ay heshiisyadaas la gasho beelaha Soomaaliyeed ee dhinaca Waaqooyi. Ha yeeshee, u kala beretankii reer Yurub ay ku ekaysiiyeen qaaradda Afrika ayaa ku xambaartay Ingiriiska in uu gu'gii 1887kii 'heshiisyadii saaxibtinnimo' u dooriyo 'heshiisyo ilaalineed' (*protection treaties*), waana halka uu ka bilaabmay magacii la odhon jiray '*Somaliland Protectrate*'.

Xaajigu waxa kale oo uu goobjoog iyo markaatiba ka ahaa heshiiskii uu Ingiriisku la galay Suldaankii Tojorra, Maxamed bin Muxammed oo dhacay 19kii bishii Ogost 1940,[48] waxana Dawladda Ingiriiska u metelayay Kabtan Moresby, oo ka tirsanaa ciidamada Hindiyadii Ingiriisku Xukumi jiray. Heshiiska oo ahaa mid ganacsi iyo nabadeed, waxa ka mid ahaa qodobbadiisa in Suldaanku uu ku dadaalo fududaynta ganacsiga Ingiriis in uu dhulalka gudaha ah u gudbo sida Ifat, Shewa, iyo Abysiiniya; dhinaca kalena ganacsiga ka imanaya

---

[48] Ladka ama lifaaqa # 3 eeg.

jiiddaas, ee soo mara Tojorra, loo fududeeyo sidii uu Cadan kusoo gaadhi lahaa. Waxa kale oo uu Suldaanka Tojorra ballan qaaday inaanu heshis jaadkaas oo kale ah la gelin dawlad kale oo reer Yurub ah – ha ahaado mid siyaasadeed ama mid ganacsi, oo waxyeellayn kara danaha Ingiriiska, iyada oo aan Ingiriiskda wax laga ogaysiin. Waxa isla goobtaas lagu kala saxeexday heshiis kale oo uu Suldaanku kaga iibiyay Ingiriiska jasiiradda Moussa, isaga oo weydaarsaday toban (10) kiish oo bariis ah.[49]

Qoraal uu Kaptan Moresby ka qoray arrinka heshiiskaas, oo uu u dirayay sarreeyihiisii, kuna soo baxay warbixin loo qoray Xafiiska Mustacmaraadka Ingiriiska 1864kii, ayaa dhinacyo kale ka iftiiminaya awooddii, diblamaasiyaddii uu lahaa Xaajigu iyo weliba dareennadii uu ka qabay xoogagga kale ee ku loollamaya gobolkaas:

"The Treaty did not require altering from the form you kindly sent me. All the principal men have signed it. And I must not omit to mention, and bring to the notice of Government the great assistance Sheikh Shermarkee, Chief of the Soomaulee tribe at Berbereh, has rendered our Government at this time. This Chief is a true and staunch friend of the English, and carries weight and respect among all the natives, more particularly the Soomaulees. To this man are we mainly indebted for a speedy arrangement of the matters, the handsome manner he evinced when I called upon him to assist

[49] Memorandum on the Turkish Claim to Soverignty over Eastern Shores of the Red Sea and the whole of Arabia; and on the Egyptian Claim to the whole of the Western Shore of the same sea, including the African Coast from Suez to Cape Guardafui. Foreign Office documents (March, 1874). Bogga 10.

us on this mission, which involved the risk of his house,
property, wives, and family, left behind at Mocha, proves that
he is more than a common friend to us; and I hope Government
will notice it to him in some manner, as on a former occasion
during the Government of the Honourable Mr. Elphinetone.
Prior to receiving Shermarkee on board at Mocha, he
requested, by letter, British protection against all insults and
losses which he might incur during his absence, or return to
Mocha. This I at once promised, as he also came when he was
just about dispatching to Bomaby two of his large trading-
boats, which convey yearly about 300 tons of coffee and other
goods...".[50]

Waa tan haltebintii qoraalka sare:

[.....] Heshiiskaasi uma baahan in wax laga dooriyo
qaabqoraalkii diyaarsanaa ee aad ii soo dirtay (si loo
waafajiyo). Dhammaantood raggii doorka (muhiimka) ahaa
qalinka ayay ku duugeen (saxeexeen). Mana dhaafi karo in aan
xuso, ogaysiiyana Dawladda (Ingiriiska) taageeradii weynayd
ee Sheekh Sharma'arke, Hoggaamiyaha Qabiilka Berbera, uu u
fidiyay dawladdeenna xilligan. Hoggaamiyahani waa jaal
Ingiriis oo dhab ah oo adag, laguna kalsoonaan karo, la iskuna
hallayn karo; waana nin culus oo tixgelin ku leh dadka
degaannadan, gaar ahaan Soomaalida. Ninkan waxa aynnu
abaal ugu haynaa sidii dhaqsaha lahayd ee uu arrimihii isugu
dubbariday, sidii quruxda badnayd ee uu ka yeelay ama
muujiyay markii aan ka codsaday in uu innaga gacan siiyo
arrinkan – kaas oo weliba isaga ugu fadhiyay halis iyo
dhibaato ku timaadda gurigiisii, hantidiisii, ooriyihiisii, iyo
reerkiisii, kaga yimid Mukha – waxana uu habdhaqankani
muujin u yahay in uu isagu jaal innooga xeel dheer yahay;

---

[50] Ibid: (Tix raac la mid ah ka sare, bogga 11)

waxana aan ku abdo weynahay in Dawladdu ay arrinkaas si uun ugu fiiro yeelatay, si la mid ah xilligii Dawladda E. Elphinetone. [51]   Ka hor intii aanan ku qaabilin (Xaaji) Sharma'arke markabka guudkiisa, waxa uu qoraal ku codsaday in Ingiriisku kaga gudbanaado jaad kasta oo afxumo ah, ama khasaare ka dhalan kara (arrinkan) inta uu maqan yahay, ama ku laabashadiisa Mukha. [52] Arrinkaasna isla markiiba waan u ballan qaaday, iyada oo uu kolkaas uu ku gudo jiray rarka iyo diridda laba ka mid ah doonyihiisa waaweyn oo ay ku rarnaayeen 300 tan oo bun iyo alaab kale ah oo uu gu' kasta Bumbay ugu diro ganacsi ahaan."

Waxa tebitan sare innooga dhex muuqda in xilligaas Xaajiga xaasakiisu degganaayeen Mukha, isla markaana ganacsi ballaadhani u socday, gaadiid badeedna uu lahaa. Tilmaanta ku qoran xigashada sare, ee ah in Xaajigu ahaa "Hoggaamiyaha Qabiilka Berbera"[*Chief of the Soomaulee tribe at Berbereh*] waxa ay u dhowdahay in ay muujinayso keliya in uu magac iyo saamayn ku lahaa Berbera, se dhab-ahaan runtu waxa ay tahay uusan hoggaamiye u ahayn.

---

[51] Mountstuart   Elphinstone (1779 – 1859) waxa   uu   ahaa sooyaalyahan, ku ladhnaa Dawladdii Hindiyadii Ingiriisku gumaysan jiray. Waxana uu noqday Badhasaabka (Waaliga) Bombay.

[52] Mukha, oo dalka Yaman ah Markaa waxa Waali (Badhasaab ka ahaa, Shariif Xuseen ibn Cali Al-Xaydar, oo asalahaan reer Cariish ahaa, isla markaana uu wakiishay Khudiyowgii Masar Maxamed Cali Baashaa in uu aaggaas maamulo. Waxana uu Ingiriisku u arkayay in uu turunturro ku yahay danihiisa. Si la mid ah Shariif Xuseen muu qarin jirin nacaybka uu u hayo Ingiriiska. (Ilwareed: Caesar E. Farah, The Sultans of Yemen: 19th Century Challenges to Othman Rule. London, 2002. Bogga 36

Waxa haddaba is-weyddiin mudan, kol haddii Xaajigu uu ahaa maalqabeen aad u hodon ah, maxaa ku xambaaray in uu Ingiriiska arrimo dhowr ah u fududeeyo, danihiisana u darbanaado, isla markaana uu ugu badheedhay collaytan kaga yimaadda dhinacyo kala duwan?

Sida ay u muuqato, ereycelintu waxa ay noqon kartaa in Xaajiga, ugu horrayn, xog ogaal u ahaa siyaasadaha adduunweynaha xilligaas ka socday, siiba saansaanka Bariga Dhexe iyo xooggaga cusub ee ku soo kordhay, oo ay weliba musdambeed u tahay kala-daadsanaan ka jirtay carriga Muslimiinta. Waxana laga yaabaa in sidoo kale aysan dareenkiisa iyo garashadiisa ka madhnayn door-roonaanta marinka Badda Cas, iyada oo uu jiray ku-talo-gal lagu qodayo Marinka Suweys, oo shaqadiisii la bilaabay 1859, lana dhammeeyay 10 gu' ka dib.

Haddaba, Xaajigu maamulladii ka jiray dalalka ku xeeran Badda Cas waxa uu u arkayay sidii cadceed sii dhacaysa, waxana ay u muuqataa in uu door biday in uu "dabkii baxaya dabkiisa ku qabsado". Dhinaca kale, isaga oo ogsoon tartankii ka dhex jiray xooggagaas reer Yurub ee ku aaddanaa dhulalkii ay rabeen in ay gumaystaan, ka ganacsadaan, kheyraadkoodana qaataan, waxa uu door biday in uu dhinac keliya uu u muujiyo taageeradiisa. Kala daadsanaantii, iyo collaytankii ka dhexeeyay madaxdii ama salaadiintii meelo badan oo dhulka ku xeeran Badda Cas, Khaliijka, iyo dhinaca Afrikaba, oo iyagu lafahaantoodu isu dabbaal joogtaynayay, mararka qaarkoodna boqmaha is goynayay ayaa laga yaabaa in ay ku xambaartay Xaajiga in uu doorashadaas qaato.

Sida laga dheehan karo sooyaalkiisa iyo dhaqdhaqaaqiisii, Xaajigu waxa uu ku dadaali jiray in uu mar uun marso isaga u madax bannaan uu gacanta ku dhigo. Isku deygii ugu horreeyay waxa uu ahaa in uu Berbera oo aan si joogta ah loo degganaan jirin (xilliyada badfuranka mooyaane) uu dego, halkaas oo uu ka bilaabay dhismeyaal qalcado ah, se aan taabbogal noqonin, iyada oo faritaan ka yimid xagga Cadan (ama Ingiriiska) lagu burburiyay. Qoraallada taariikheed ee gobolkan ku saabsani ma sheegayaan waxa dhaliyay in la burburiyo qalcadahaas iyo ciddii burburisay. Ciidan ugu filan wax-iska-caabbi oo ka kooban 30 askari oo isugu jira Yaman iyo biddeyaal Afrikaan ahi, kuna hubaysanaa qori, halka ay bulshada inteeda kale warmo ku hubaysnaan jirtay ayuu kaga howl galay qalcadahaas. Markaas waxa ay u dhowdahay (sida qoraagani qabo) in burburinta qalcadahaasi ay la xidhiidhi karto cabasho ka timid beelihii sheegan jiray Berbera si loogu laab qaboojiyo, kol haddii Ingiriiska iyo Xaaji Sharma'arke la isu tirinayay – kuwaas oo ay hore isu dhaceen Ingiriiska, se markii dambe heshiisho dhex mareen.

Ugu dambayntii, waxa uu ku guulaystay rabitaankiisii uu in badan ugu howl jiray, ee ahayd in uu gacanta ku dhigo magaaloxeebeed xuddun u noqota ganacsigiisa, isaga oo Firmaan (oggolaansho) ka helay Badhasaabkii Xudayda/Mukha in uu maamulo Saylac.

Nin kabtan ah oo ka tirsnaa ciidamadii Ingiriiska ee dawladdii Hindiya, lana odhon jiray William Cornwallis Harris, oo wafti danjirenimo, isaga iyo koox uu la socday, loogu diray Abasiiniya (Itoobiya) si uu ula kulmo Boqorkii Shewa, ayaa waftigiisu ka degay Gacanka Tojorra (1844kii). Waxana uu la kulmay Suldaankii qabaa'ilka Canfarta, Suldaan Maxamed bin Muxammed. Ha yeeshee waxa lagama maarmaan noqotay in loo baahday diblamaasiyaddii iyo awooddii shaqsiyadeed ee raadaynta badnayd ee Xaaji Sharma'arke, si weftigaas uu ugu fududaado socdaalkoodii ay ku tegi lahaayeen Boqortooyadii Shewa ee Itoobiya. Maxaa yeelay waxa la ogaa saamaynta iyo xidhiidhada uu Xaajigu la lahaa madaxdii Itoobiya iyo maamulihii Tojorra.   Sida uu qoray kabtan William Cornwallis Harris, imaatinkii Xaaji Sharma'arke ayaa wax weyn ka dooriyay dardargelinta socdaalka socotadaas Ingiriiska ah.   Xaajigu waxa uu saamayn ballaadhan iyo tixgelin ku dhex lahaa bulshada Canfarta oo idil.[53]

Qaabka uu Xaaji Sharma'arke u fikirayay iyo hiigsigiisuba waxa ay ahaayeen qaar ka dhigaya isaga qof ka aragti duwan Soomaalidii uu la noolaa iyo qaar badan oo ka mid ah kuwan maanta joogaba.   Halka ay Soomaali badani rumaysan yihiin odhaahda ah 'qofku waxa uu wax ku yahay qabiilkiisa' oo la'aantiis uu ka dhigan yahay sidii kalluun baddii bannaanka looga soo saaray,   Xaajigu aragtidaas waxa uu ku beeniyay dhaqankiisa, falliimooyinkiisa iyo waxqabadkiisa.   Haddii uu nin qabiil ama nin qolo u qoolan noqon lahaa, waxa uu taliskiisa ka bilaabi lahaa dhul degaan u ah qoyskiisa.   Ma se ay dhicin taasi;   waxa se uu si xooggan uga muuqday maamulkiisa xeebaha galbeed (Saylac ilaa Berbera). Dadka ku hareeraysan ama uu u talinaayay cid walba waa ay lahaayeen: Somaali, Carab, Yuhuud, Xabashi, Canfar, Hereriyiin, Oromo, Hindi, Soodaan, Iiraaniyiin, biddeyaal iyo qaar kaleba. Sidaas

---

[53] William Cornwallis Harris, the Highlands of Ethiopia, (1844). P58, Gutenberg's Project.

oo kale, waxa maamulkiisa ka dhex muuqday dad ka soo kala jeeda isirro iyo jinsiyado kala duwan oo uu ugu mudnaa gacan-yarihiisa oo Xadrami ahaa, lana odhan jiray Cumar Cali, oo ahaa Amiir al-Baxarkii ama Kabtankii dekadda qaabbilsanaa, abbaanduulihiisii (*Naqiib al-Caskar*) oo la odhon jiray Maxamed Cumar al-Hamuni,[54] iyo xoghayntiisii oo ahaa addoon Sawaaxili ah. Waxa kale oo dheer intaas in qaaddiga Saylac oo magaciisa la odhon jiray Maxamed Khadiib, ahaa nin Hawiye ah oo asal ahaan ka soo jeeda Herer.[55]

Sidaas daraaddeed, Xaajigu ma ahayn nin dhinaciisa ku soo ururiya tolkiisii si ay ugu gacan siiyaan in uu ku xoojisto ama ku sii riiq dheereeyo maamulkiisa, ha yeeshee waxa uu adeegsan jiray dadyow kala duwan oo uu ku soo xushay kartidooda iyo sida ay ugu daacad yihiin maamulkiisa. Intaas waxa dheeraa xoogganaanta qof ahaaneed (shaqsiyadeed), dhaqaalaha tirada badan ee uu gacanta ku hayay, iyo waaya-aragnimadiisa, oo dhammaantood ka yeelsiiyay in saamaynta uu cid kale ku yeelan jiray ahaato mid markiiba raad kaga tagta dadka ama maamullada ay wax iska galaan isaga.

Xilligaas durugsan ee aynnu ka hadlayno, Xaaji Sharma'arke waxa uu ahaa qof aqoonsan qaayaha ay waxbarashadu leedahay (in kasta oo aanu isagu waxbarasho gelin). Haddaba, isaga oo ka run sheegaya qodobkaas, waxa uu inankiisii Maxamed u diray Mukha (oo ku taal dalka Yaman) si uu wax uga soo barto. Waxana ay u ahayd rabitaan isaga iyo inankiisaba u rumoobay. Waxa kale oo jirtay in xilligii Burton maray Saylac uu si la mid ah sheegay in wiilkii ugu yaraa

---

[54] Burton, <u>The First Footsteps in East Africa</u> (bogga 23)
[55] Mlm. Burton (bogga 47)

ubadka Xaajiga oo magaciisu ahaa Axmed, isna uu Mukha ugu maqnaa waxbarasho.[56]

Burton waa uu xusay xiisaha uu Maxamed u hayay waxbarashada, heer uu sheegay in uu araggiisii (indhihiisii) ku shiikhiyay akhris badni. Waxa kale oo uu Burton sheegay in Maxamed isaga ka ergistay kitaabka Abu Qaasim si uu u min guuristo (u dheegto).[57] Waxa halkan innooga muuqan karta in hammiga Xaajigu fogaa. Sidaas oo kale, waxa ay u muuqataa in Xaajigu ahaa qof fikirkiisu ka duwanaa halka ay Soomaalidu xilligaas joogeen oo ku salaysnaa in meertadooda nololeed aanay dhaafsiisnayn geelqaadnimo iyo kala hororsi dhaqaale. Dalku gebi ahaantii waxa uu la ceeryoonsan yahay kooxo wareemato ah oo dhac u joog ah. Waxa laga yaabaa in kooxi saaka oo kale ka jarmaaddo beeshoodii si ay beel kale u soo dhacaan; se marka ay ku soo laabtaan guryahoodii, waxa la arki jiray in koox kale oo kuwa hore la ujeeddo ahayd ay dhaceen xoolihii ay guryahooda kaga tegeen!

Halkan waxa innooga iftiimi kara, dhinac kale oo ka mid ah aragti dheeraantiisa, tiiyoo laga yaabo in uu rabay joogtaynta maamulka uu dhisay. Waxana uu Xaajigu qabay hindise ah in Maxamed maamulkii aabbihii halkaas ka sii wadi doono.[58]

---

[56] Mlm. Burto (bogga 22)

[57] Abu Qaasinkii Qasa (Falastiin), waxana uu ahaa aqoonyahan caan ah oo ka faallooday kitaabkii Abuu Shajaac Al Isfahaani, ee ku saabsanaa mad-habta Shaaficiga.

[58] Sida uu qoray Burton, Xaajigu waxa uu dhalay toddoba wiil, oo saddex mujonimo ku laabteen (saqiireen). Laba ka mid ah (Ali iyo Maxamuud) waxa ay u dhinteen jadeeco. Waxa noolaa Maxamed oo ugu weynaa, iyo Axmed oo xilligaas waxbarasho Mukha ugu maqnaa, iyo laba gabdhood oo reer miyiga ku xeeran Saylac ay qabeen.

Xaajigu waxa uu ku dadaalay in uu inankiisa ku barbaariyo hammigiisa oo ugu horrayn ahaado mid u qalmo magaca qoyskiisa, waxana Eebbe uga dhigay wiil wanaagsan oo baarri ah, sida uu sheegay Burton. Arooryo kasta oo uu soo tooso Maxamed, waxa uu u tegi jiray aabbihii, oo uu gacanta ka dhunkan jiray, taas oo Xaajiguna ugu fal celin jiray in uu foodda ka dhunkado. Dhinaca kale, Xaajigu damaca isaga ku jira ee hiraalka fog leh, waxa uu u gudbiyay wiilkiisa Maxamed. Sida uu Burton sheegay, Maxamed waxa uu ahaa mid u hanqal taagaya in uu noqdo Maamulaha Saylac, weliba si ka sii xooggan (halka uu aabbihii ka joogo) rabay in uu si fiican gacanta ugu dhigo (qabsado) Berbera, markaasna dhaqaalaheedu khasnadihiisa ku soo dhacaan.[59] Sida uu qoray Langton P. Walsh, oo Berbera maamule uga ahaa Ingiriiska 1884kii, 30 gu' ka dib booqashadii Burton, waxa ka yaabiyay (ama uu ka helay/la dhacay) faahfaahinta uu Burton qoraal ahaan kaga bixiay muuqaalkii Caaqil Maxamed Sharma'arke (wiilkii Xaajiga), oo ahaa Badhasaabka (Xaaji Sharma'arke u fadhiyay) Berbera 1854kii. Waana tan xigashadii oo Af Ingiriisi ku qorani:

> [...]"I Was myself Adminstrator in sole charge of Berbera in 1884, thirty years after Burton's visit there, and I was particularly struck by his word-picture of Akil Mohamed Shermarki, who was the Governor of Berbera in 1854, and in 1884 was athe senior Stipendiary Akil in the pay of the British."
> *(Under the Flag and Somali Coast Stories, 1932).*

---

[59] Burton, <u>The First Footsteps in East Africa</u>, (Bogga 23).

Arrintan waxa ay waxa lagala soo dhex bixi karaa in Xaaji Sharma'arke maamulkiisu keliya ku koobnayn Saylac uun e, balse Berbera laftarkeeda uu ku lug lahaa.

Dhinaca kale, waxa uu ahaa Xaajigu nin aad ugu janjeedha danaha Ingiriiska – arrintaas ha noqoto mid uu u arkayay siyaasad uu danahiisa gaarka ah (ee ay ugu horrayso xoojinta iyo fidinta awooddiisa) ku qumisto iyo si kaleba e. Tusaale waxa innoogu filan gargaarkii uu u fidiyay markabkii ciidanka Ingiriiska "Mary Anne", gu'gii 1825. Tusaale kale waxa uu ahaa mar uu Xaajigu Burton talooyin ka siinayay socdaalkiisa Herer, isla markaana uu uga digayay xadhig maleegga amiirka Herer, waxa uu u tibaaxay in 'isagu (Xaajigu) Ingiriiska uu gacanta ugu dhigi karo Herer, haddii ay u soo diraan 500 oo ciidan ah, haddii kalena uu u fidin karo xogo ka caawin kara qabashada Herer".[60] Dhinaca kale, Burton lafahaantiisu waa uu xusay cabsida uu Amiirka Herer ka qabay Xaaji Sharma'arke in uu ku soo duulo oo uu qabsado Herer.[61] Halkan waxa ka muuqan karta tilmaamo kale oo uu lahaa Xaajigu oo ay ka mid yihiin tabaynta dagaalka (*strategist*), hoggaamin iyo dhiirranaan.

Habkan uu Xaaji Sharma'arke kula dhaqmi jiray Ingiriiska waa ka geddisan tahay mid lagu tilmaami karo dabadhilifnimo ama mid uu ku rabay dan yar oo dhow oo uu dheef ugu raadinayo naftiisa – taas oo Ingiriisku kula dhaqmi jiray qaar ka mid ah madaxdhaqameedyada iyo culimada qaarkood si ay ugu fududeeyaan jid maridda iyo isaga gudubka dhul halis badan, kol haddii ay saamayn ballaadhan iyo magacba ku

---

[60] Burton, <u>First Footsteps in East Africa</u>, I, 64
[61] Meel la mid ah (mlm), II, Bogga 1.

lahaayeen beclaha dhexdooda. Adeeggaasi waxa uu u dhignaa cid caan ah oo la yaqaanno oo ay ku sii daraan, ama gaar ahaan culimadu dhambaallo (farriimo) ay u ugu qoraan dhiggooda meelo shishe deggan, si soo dhoweyn loogu fidiyo socotada waageeniga (soo galowtiga) ah. Waxa ay culimadaasi ama madaxdhaqameedyadaasi heli jireen hadyado yaryar sida maryo ay ka mid yihiin Maraykaani, go'yaal khayli ah, tusbaxyo, kitaabbo, ama kuulo ay dumarkooda kaga farxiyaan, iwm. Si gaar ah culimadu waxa ay aad u danayn jireen xaashiyaha cadcad ee 'bayaadka' loo yaqaan ee xarriijimaysan. Waxana ay ku qori jireen xirsiga ama qardhaasaha oo ay saan ku jaxaasi jireen, ka dibna dadku xidhan jireen si loogu furdaamiyo jirrooyinka iyo durrada Jinkaba. Socotadaas waageeniga ahi, waxa ay agabkaas yaryar, bal se ku filan in ay laabaha madaxdhaqameedka iyo culimada Soomaaliyeed si fudud ugu furaan, kaga soo talo geli jireen Cadan, kana soo iibsan jireen halkaas.

Si ka geddisan waxsheegiddan sare, Xaaji Sharma'arke iyo wiilkiisuba (Maxamed) waxa ay ahaayeen qaar neceb in hadyad loo fidiyo. Waxana uu Burton sheegay in ay dhib ku qaadatay in uu Maxamed ku qanciyo in uu ka guddoomo maab ama khariiddad Afrika ah iyo tammuujad (baastoolad).[62]

Charles Johnston (1842kii) isna waxa uu sheegay in uu Xaaji Sharma'arke ahaa nin aan leexleexasho lahayn xagga dhaqanka, oo kas aad u sarreeya leh. Sidaas oo kale, waxa uu sheegay in uu ahaa nin maalqabeen ah, jeer oo uu ku

---

[62] Burton, First Footsteps in East Africa, bogga 22

tilmaamay Rothschild-kii Afrika. (Johnston, bogga 25). Waxa xusid mudan in mar kasta oo la soo qaado adduunkan qoysaska sida xidhiidhka ah ugu hantida badan in tilmaan laga dhigto reer Rothschild. Waxana bilaabay taxantaas (silsiladdaas) maalqabeennada ah nin Yuhuudi ah oo u dhashay dalka Jarmalka oo la odhan jiray Mayer Amschel Roshchild oo hantidiisa ballaadhan ka sameeyay dhinaca bangiyada xilliyadii 1792kii ilaa 1815kii. Sidan ayuu qoray Johnston isaga oo Xaajiga ku dhererinaya Roshchild:

> "By his industry and enterprise he has become the richest man along this coast; nor is there scarcely a prince or petty chief in the adjoining countries who is not indebted to this African Rothschild.."[63]

Waa tan haltebintii qoraalkan sare:

> [...] "Firfircoonidiisa ganacsi iyo dadaalkiisa awgood, waxa uu noqday ninka ugu hodansan xeebtan; mana jiro amiir ama hoggaamiye ku nool dhulalka la deriska ah, oo aan wax ka deynsan Rothschild-kan Afrikaanka ah."

In Johnston Xaajiga ku dhereriyo Rothschild ma aha arrin la dhayalsan karo. Waxana uu dhaqaalahaas Xaajigu ka sameeyay doonyaha iyo ganacsiga uu ku dhex jiray. Waana mid uu ku abuuray firfircoonidiisii, ilbaxnimadiisii iyo indhafurnaantiisii ganacsi. Saaxiibtinnimada uu Ingiriiska la lahaa, waxa uu sidaas oo kale ku hantiyay in uu wakiilnimo dadban uga noqdo Ingiriiska magaalaxeebeedyada Berbera iyo Saylac, isaga oo dhinaca kalena heshiis kula jiray wakiilkii Turkiga u

---

[63] Johnston, Charles, <u>Travels in Southern Abyssinia through the Country of Adel to the Kindom of Shoa(1844).</u> Bogga 25.

joogay Xudayda/Mukha, oo oggolaansho (*Firmaan*) u siiyay in uu xukumo Saylac.

U-janjeedkiisaa dhinaca Ingiriiska, waxa ay u dhowdahay in uu ka rabay in uu samaysto is bahaysi ka dhan ah Faransiiska, Baashihii Canfarta, Amiirkii Herer, iyo weliba maamulihii Mukha/Xudayda oo ay u muuqatay in uu dhinacyada ka soo horjeeda u janjeedhsaday.

Intii dhadhaqaaqyada reer galbeed ku soo xoogaysanayeen Badda Cas iyo Khaliijka Cadmeed, waxa Xaajiga fuulay cadaadis siyaasadeed oo dhinacyo kala duwan leh. Cidda uu garabka bidayna waxa ay ahayd Ingiriiska. Ha yeeshee sida aynnu meelo dambe ku muujin doonno, Xaajigu kama uu helin Ingiriiska wax u dhigma filashadiisii. Soomaaliduna waxa ay ku maahmaahdaa *'sidii aan kuugu lisay iigumaad hanbayn'*.

Aragti dheeraanta Xaajiga ee la xidhiidha halisahaas aan soo sheegay waxa ka markhaati kacaya Langton P. Walsh, oo ahaa sarkaalkii ugu horreeyay ee Ingiriis ee loo igmaday in uu maamul ka dhiso Maxmiyaddii Somaliland (1884kii). Ha yeeshee, xilli dambe, oo ay hore u habboonayd wax-ka-qabashada dareenkaasi, ayaa uu baraarugay Mijir Huntar (Major Hunter), oo ahaa wakiilkii Ingiriiska u fadhiyay Cadan, kuna kacay falcelintan hoos ku qoran:

"Faransiiska ayaa ciidan dejiyay Obokh (1856kii). Ha yeeshee Major (Mijir) Huntar arrintaas wax diidmo iyo cabasho toona ah oo uu kaga joojiyo tallaabadaas ma uu muujin. Sidaas ayuu Faransiisku ku sii joogteeyay haysashadiisii Obokh; waxa se Mijir Huntar aad uga cadhooday in Abuubakar iyo inankiisii Burhaan ay (Ingiriiska) la heleen (ama khiyaameeyeen). Taasi waxa ay dhalisay in uu Ingiriisku Saylac u soo diro ciidan yar oo ilaaliya danahiisa iyo kuwa Masaarida, isla markaana ka hakiya in Faransiisku sameeyo ku soo dhawaansho ama ku soo durug kale. Arrintanina waa ta keentay in Walsh loo igmado xilka wakiilnimo ee Berbera, kolkaas oo weliba ciidan bilays ah oo tiradoodu dhan tahay afartan (40) lagu daray."[64]

Waxa weliba xilliyo dambe soo shaac baxay in danaynta ugu mudan ee Ingiriis ee dhinaca waqooyiga Berri Soomaali ay ku koobnayd uun in uu hubiyo in aanu u waayin ciidankiisa Cadan deggan hilibka xoolaad ee ka iman jiray marsooyinka waaqooyi. Haddii ay jiri lahayd danayn kale oo ka duwan taasi, Ingiriisku uma uu oggolaadeen in Saylac oo kumannaan gu' soo jirtay si qunyar qunyar ah u dhimato ka dib markii uu Faransiisku gudogalay dhisitaanka dhabbada tareenka ee isku xidha Jabuuti iyo Arda Sababa.

Mar Lafdhankii Ingiriiska ahaa ee W. C. Barker (1840kii), oo loo sheegay in Tojorra ay ahayd maamul madax bannaan, uu wax ka qoray arrinkaas waxa uu sheegay in magaaladaasi canshuur siin jirtay Suldaanka Saylac (Xaaji Sharma'arke). Sidoo kale, Lafdhan (Lieutenant) Cruttenden ayaa sheegay in Zaylac, xilligii uu xukumayay Xaaji Sharma'arke, cashaaur dhan hal (1) dollar saari jirtay qof kasta oo addoon ah oo Tojorra laga dhoofiyo, ama dhinaca kalena, Herer laga keeno, una socda magaalada Berbera. Waxa kale oo uu xusay Cruttenden in xilli ka horreeyay xilliga uu ka warramayo, in uu Xaajigu Tojorra ka heli jiray cashuur dollar saddex-dalool-afar (3/4) addoonkiiba, inta soo hadhayna uu la hadhi jiray Suldaanka Tojorra.

---

[64] Prof. Abdisalam Yasin, <u>Without our Knowledge</u>, Qaran News, 21st Nov 2013.

Sidan ayuu qorey Cruttenden:

> "Zeila levies a tax of one dollar upon each slave exported from Tajoura, or imported from Hurrur [Harar}, and afterwards sold at Berbera...."[65]

> "Zaylac waxa ay cashuur-ahaan saartaa hal dollar addoon kasta oo Tojorra laga dhoofso, ama inta laga keeno Herer, marka dambena lagu sii iibiyo Berbera..."

Qodobkan sare mar kale waxa uu xoojin u yahay in naaneysta Ingiriisku Xaaji Sharma'arke ku dhejiyay ee ah *"The Political Boss of the Somali Coast"*, oo aan u tarjumay *"Maqaddinkii Xeebaha Berri Soomaali"* iyo awooddiisii isu dhigmayeen. Waxana ay tilmaan u tahay xoogganaanta qofnimadiisa iyo awooddiisa maamul ee suurtagelisay in ay cashuuri uga soo xerooto meel iyo cid ka baxsan degaanka ay Soomaalidu degganayd – haddii ay tahay Tojorra iyo Hererba, marka meel la iska dhigo Berbera.

Tartankii ganacsi ee ka dhexeeyay Saylac iyo Tojorra waxa uu sii adkaaday badhtamihii qarnigii 19aad, ka dib markii uu xoogoobay xakamayntii uu Ingiriisku ku sameeyay ka-ganacsigii dadka.[66] Taasina waxa ay keentay in dhaqaalihii ka soo hoyan jiray labadaas marso ee dhoofinta addoomahu uu yaraado. Dhinaca kalena, waxa ay isku deyi jireen maamuleyaasha labada magaalaxeebeed kalahororsiga ganacsiga ka yimaadda dhinaca badda, siiba Hindiya.

---

[65] Cruttenden, <u>the Wester Edoor Tribes, 1848</u>. Bogga 5aad.
[66] Eeg ladhka buugga gadaashiisa ee ka hadlaaya ka-ganacsigii dadka ee ka socday xeebaha Soomaaliyeed.

Degitaankii Ingiriis ee magaalada Cadan (1839kii) waxa uu xoojiyay ganacsigii Berbera, taasina waxa ay Xaaji Sharma'arke ku beertay dareen weecsan.[67] Maxaa yeelay qayb kale oo ka mid ah ganacsigii Saylac mari jiray – siiba kii Herer ka tegi jiray – ayaa Berbera loo leexiyay. Xidhiidhka ka dhexeeyay Amiir Abubakarkii Herer iyo Xaaji Sharma'arke oo mararka qaar xumaanayay ayaa isna kaalin mug leh ku lahaa in dhaqaalihii Saylac ka soo geli jiray maamulkii Xaaji Sharma'arke hoos u dhaco.

Waxa kale oo jirtay in Faransiisku xilliyadaas uu ku noqnoqonayay Tojorra si uu xidhiidh ula samaysto Suldaan Maxamed bin Muxammed, si uu joogitaanka Ingiriis ee Gacanka Cadmeed u dheelli tiro. Gu'gii 1856kii ayaa Henri Lambert, oo ahaa qunsulkii Faransiiska u joogay Cadan uu booqasho ku tegay Tojorra waxana uu bishii Maarj, isla gu'gaas, la galay Sultan Abu Baker Ibrahim heshiis uu Faransiisku kula ganacsan karo, isaga oo quuddaraynaya ganacsiga baaxadda leh ee u sii mara Itoobiya. Arrintan iyada ah ma uu jeclaysan Xaaji Sharma'arke isaga oo u arkayay in culayskii ganacsi u wareegi doono Tojorra. Sida muuqatana waxa uu Henri Lambert si gurracan ugu dhex mulaaqmay loollankii iyo xafiiltankii ka dhexeeyay maamuleyaashii Tojorra iyo Saylac.[68] Waana la saadaalin karayay dhacdadaas waxa ka dhalan kara.

---

[67] R. Joint Daguenet, La côte africaine du golfe d'Aden au milieu du XIXe siècle In: Revue française d'histoire d'outre-mer, tome 79, n°294, 1er trimestre 1992. pp. 87-113.

[68] French Somali Coast 1708 - 1946

Il-wareed dhinaca Farsansiiska ka soo jeeda, waxa uu qorayaa in 1859kii Henri Lambert, xilli uu markabkii uu fuushanaa ku caashaqday (xidhay) dekedda Mukha ee dalka Yaman, in markabkii laga tuuray, ka dibna uu baddii ku dhintay. Waxana la sheegay in kuwii falkaas geystay ay howshaas u fulinayeen Xaaji Sharma'arke.[69] Waxana uu Faransiisku bixin magdhow dhan 30,000 oo dollar saaray, kagana helay Dawladda Turkiga.[70] Dilkaas Henri Lambert ayaa keenay gu'gii 1862kii in Faransiisku uu iibsado Obokh – tallaabadaas oo hordhac u ahayd qabsashadiisii Xeebtaas haatan loo yaqaan dalka Jabuuti.[71]

[69] Meel la mid ah (Mlm tan sare)
http://www.schudak.de/timelines/frenchsomalicoast1708-1946.html
[70] Mohamed Osman Omer, The Scramble in the Horn of Africa: History of Somalia (1827-1977), bogga 56
[71] Op. cit. (sida meel hore loogu soo sheegay. R. Joint Daguenet)

8

Xaajiga iyo Berbera

Xaaji Sharma'arke waxa kale oo uu taariikhda ku gelayaa in uu sabab u ahaa in magaalada Berbera laga sameeyo degaan joogtaysan. Sida uu qoray Lieutenant (Lafdhan) Cruttenden oo ka tirsanaa ciidamadii Ingiriiska ee Hindiya, oo booqday Berbera 1847kii, waxa uu xusay in ka hor intii Xaaji Sharma'arke aanu Berbera ka dhisin afar qalcadood (*Martello towers*),[72] oo ay ka hawl geli jireen 30 askari oo isugu jiray Yamaniyiin iyo biddeyaal Afrikaan ahi, kuna hubaysanaa qoryo hore oo tarraq (qaraf) lagu qarxin jiray baaruudda (matchlock guns),[73] aanay Berbera ka jirin wax magaalo ah, iyo noole toona, amminta u dhexaysa bilaha Abril ilaa Noofembar.[74] Ha yeeshee mar Alle marka ay cimiladu is dooriso dadka ayaa iman jiray Berbera si ay u ganacsadaan, waxana meeshaas ka samaysmi jirtay magaalo ballaadhan oo ku-meel-gaadh ah oo ka samaysan cooshado iyo aqallo Soomaaliyo. Ganacsigaasi waxa uu socon jiray xilliga

---

[72] Burton oo waxa ka qoray qalcadahaas waa kan hadalkiisi: "<u>These are the four martello towers erected, upon the spot where the town of huts generally stands, by the Hajj Sharmarkay, who garrisoned them with thirty Arab and Negro matchlockmen. They are now in ruins, having been dismantled by orders from Aden.</u>"(First Footsteps in East Africa, Bogga: 2:71)

[73] Burton, <u>First Footsteps in East Africa, 1856.</u> (n 71)

[74] <u>The Periplus of the Erythraean Sea</u>, vol 2, part II, issue 151. (Edited by George Wynn Brereton Luntingford. (p92)

'bandhigga' oo ku beegan bilaha qabowga (Diisembar ilaa Maarj), ka dibna, iyada oo la filayo xilligii badxidhanka iyo kulaylkii Xagaaga, nafley kastaaba waa ay ka hulleeli jirtay Berbera, aqallo Soomaaliyadana waa la rabaalin jiray ilaa xilliga ganacsi ee xiga. (eeg *The Western Edoor Tribes*, Lafdhan Cruttenden)

Sidaas oo kale, John Studdy Leigh oo soo maray Berbera 18kii Diisambar, 1838, ayaa ku tilmaamay Berbera sidan soo socota:

> "The town is a confused mass of huts constructed of grass and reeds. The greater portion or indeed the whole of it is burnt and deserted in April when the vessels leave the harbor to return to it in October." [75]

> [...]"Magaaladu waa meel jahowareer ah oo isku dhex daadsan oo ka samaysan cooshado lagu dhisay caw iyo cawsas. Inteeda badan, ama dhammaanteedna dab ayaa la sudhaa bisha Abril, waana la cidleeyaa, ka dib marka ay ka ambabaxaan doonyuhu – waxana lagu soo laablaa (oo la magaaleeyaa) bisha Oktoobar."

Waxa meesha innooga muuqata sida ay dhismeyaashaaso u ahaayeen ku-meel-gaadh, mar walbana meel cusub laga bilaabi jiray.

Dhismeyaashaas afarta ah ee uu dhisay Xaaji Sharma'arke waa kuwii ugu horreeyay ee dhagax ah ee Berbera laga taago ilaa laga soo gaadhayo imaatinkii Masaarida ee Berbera (1870kii).[76]

---

[75] <u>John Studdy Leigh in Somalia</u>. Edited by James Kirkman
[76] 1870kii ayaa Xukuumaddii Masar u soo magacowday Cabdiraxmaan Bey in uu noqdo wakiilkooda Somaliland. Waxana uu degay Berbera.

Laga bilaabo maalintaas ayay noqotay Berberi meel si joogta ah loo deggan yahay. Richard Burton oo Berbera soo maray 1854-kii, waxa uu xusay in qalcadahaasi ay xaalad burbur ah ku sugnaayeen, isla markaana lagu burburiyay faritaan (amar) ka yimid Cadan. Qalcadahan jaadkooda oo kale waxa la adeegsan jiray qaybtii hore ee qarnigii 19^{aad} iyo wixii ka horreeyay. Waxa ay wax ka tari jireen iskacaabbiga (difaaca).[77] Inta badanna, dhismaha dhererkiisu waxa uu ahaa 12 mitir, laba dabaq, oo xagga hoose ku leh kaydka biyaha, cunnada, saanadda iyo baaruudda. Sarta sarena waxa geli jiray oo ku hoyan jiray ciidan tiradoodu dhan yihiin 25 askari. Dhismaha xaggiisa ugu sarreysana waxa lagu negayn jiray madfac. Haddaba, qalcadaha jaadkan oo kale ahi waxa adeegsigoodii laga baxay kolkii la sameeyay madaafiic xooggan oo aan biyo u kabbanayn (burburin og) dhismeyaashan oo kale.

Waxa se muuqata in dhismeyaashaasi ahaayeen qaar uu hindisay isla markaana uu maalgeliyay Xaaji Sharma'arke. Waxana ay u dhowaan kartaa in uu rabay in uu Berbera ka dhigo deegaan la mid ah Saylac oo aan laga guurin. Ha yeeshee, Saylac waxa gacan ku heynteeda lafdhabar u ahaa derbiga dhagaxa ah ee ku wareegsanaa, oo aan loo oggolaan jirin cid hub sidataa in ay gudaha la soo galaan, xilliga gabbaldhacana (fiidkana) irridaha loo soo xidhi jiray. Haddaba, dhisidda afartaas qalcadood waxa ay ahayd isku-deygii tallaabadii koowaad ee sugidda gacan-ku-heynta Berbera. Dhisidda afartaas qalcadood, oo lagu hilaadin karo taariikhda la dhisay 1840aadkii, waxa loo aqoonsan karaa in ay

---

[77] Magaalada Cadan, si la mid ah dhinaca badda ayaa ay ku lahayd qalcadaha jaadkan oo kale (*Account of the British Settlement of Aden in Arabia*. Bogga 143)

tilmaam u ahayd rabitaan uu Xaaji Sharma'arke ku doonayay in Berbera noqoto degaan si joogto loo deggan yahay. Waxa se muuqata in degitaankii rasmiga ahaa ee Berbera aanu kasoo hor marin imaatinkii Masaarida (1870kii). Waxa arrintan ka markhaati kacaya ninkan sahamiyaha ah.

Frank Linsly James, oo ahaa sahamiye Ingiriis ah oo soo maray Berbera 1884kii, waxa uu sheegay in Berbera ka koobnayd laba qaybood, oo isu jiray hilaaddii hal mayl iyo badh. Sida uu sheegay, qaybta Shacabka ahi waxa ay ahayd magaalo yar oo casri ah oo Masaaridi dhistay, oo leh dhismeyaal la taagay 12 gu' ka hor imaatinkiisii Berbera;[78] qaybta kale ee magaalada ee ay Soomaalidu degganayd waxa ay ka samaysnayd dhismeyaal qoryo iyo caw ah, iyo aqallo Soomaaliyo aad u tira badan – kuwaas oo dadka degaanku ay la guuraan marka cimiladu is dooriso bilaha Abril iyo May. Magaalada qaybta ay Masaaridu dhistay aad ayay u habaysnayd una nadiifsanayd. Dhismeyaasha qaarkood, sida ka uu degi jiray Badhasaabkii maamulkii Masar u fadhiyay Berbera, aad ayuu u qurux badanaa, waxana dhismahaas lagu xidhiidhiyay qabriga sida haybadda leh loo dhisay, ee Shiikh Soomaali ah (Shiikh Yuusuf Maama). Waxa kale oo goobta lagu qurxiyay beer laga

---

[78] Gu'yaashii u dhexeeyay 1867-1874, ciidanka badda ee Masaarida ayaa ku soo noqnoqon jiray xeebaha waqooyi. 1870kii Muhammad bey Gamal (Muxammad bey Jamaal) ayaa ciidankiisii Bullaxaar iyo Berbera Calankoodii ka taageen. Laba gu' kaddibna waxa ay Masaaridi gudagashay in ay dhismeyaal laga difaaco magaalada taagaan. (Khedive Ismail's Army, John B. Dunn. Page 105). Ammin yar oo ku siman 3 gu' ah ayaa ay si fiican u cago dhigteen Berbera, oo ay dekad, noobiyad, biyogelin, noobiyad, iyo dhismeyaal kala ku dhammaystireen, maamul adagna ku dhiseen. Si la mid ah ayaa ay uga howl galeen Bullaxaar iyo Saylac.

waraabiyo biyo burqiso (*fountain*) si farshaxannimo leh loo dhisay. Qabriga waxa dhisme ka dul taagay Badhasaabkii hore ee Masaarida. Si dhaqaale joogto ahna loogu helo dayac-tirkiisa, awr kasta oo raran oo soo gala magaalada ayaa canshuur la xisaabin jiray.[79]

> [..]Berbera consists of two distinct settlements, distant about one and a half miles from each other. The one is a modern Egyptian town, with stone buildings, erected during the past twelve years ; the other is a native village, containing a few large permanent grass habitations, and a multitude of small mat-huts, which the natives carry away with them inland during the change of the monsoon in April or May. The modern town is remarkably neat and clean, and far superior to any other erected by Egyptians on the African coast. Some of the buildings are quite pretentious, and particularly the residence of the late governor, which is connected by a verandah with an imposing tomb in the form of a mosque, built in memory of a great Somali Sheik, and adorned by a garden carefully laid out and watered by an artistic fountain, constructed from the various specimens of coral which provide the foundation for the chief portion of the town. This tomb was built by the late governor, and to obtain the requisite funds each camel entering the town was taxed, to the great advantage of His Excellency's private banking account. There is a good-sized hospital, a prison, a post-office, several stores, and a few convenient and picturesque Egyptian houses."[80]

---

[79] Frank Linsly James, the Unknown Horn of Africa: An Exploration from Berbera to the Leopold River, (1888). P.25

[80] Frank Linsly James, The Unknown Horn of Africa, (Bogga 26)

Markii uu soo maray Berbera Charles Johnston ('1842kii), waxa
uu xusay in "Allee Shurmalke" (waa sida uu u qoray), oo uu
ula jeeday Xaaji Sharma'arke Ali, ahaa xilqabeenka ugu mudan
ee degaankaas (*the principal native authority*).   Qodobkan uu
sheegay Johnston waxa uu muujinayaa raadka weyn ee uu
Xaajigu Berbera ku lahaa.   Ha yeeshee waxa halkan is-dul-taag
mudan, xidhiidhka ka dhexeeyay isaga iyo reerihii Berbera
(dhaqan-ahaan) loo aqoonsanaa gacan-ku-haynteeda.   Waxa
cad in Xaajigu dano badan ku lahaa labada magaalaxeebeed -
Berbera iyo Saylac.   Ahaanshiiyaha ay Soomaalidu ahayd
bulsho kacdoon badan oo loollan reereed ka dhexayn jiray, iyo
runta ah in Xaajiga dano kala duwani ka galeen degaanno ay
deggan yihiin reero ka geddisan reerka uu ka soo jeedo, waxa
uu hubin jiray in uu samaysto is bahaysi dadban, oo uu kolba
ku taageerayo ciddii uu u arko in ay danihiisa gacan siin
doonaan. Tusaale nool waxa loo soo qaadan karaa laba qolo oo
xilliyadaas ku loollami jiray Berbera. Mararka qaar gacmaha
ayay isula tegi jireen iyada oo lagu dagaallamayo ama la isku
qabsan jiray danaha ganacsi ee macaashka badan ee Berbera
laga samayn jiray ee reerahaas ka soo geli jiray dillaalista iyo
abbaannimada.   Haddaba gu'gii 1846kii, mar diriri dhex maray
labadii qolo, waxa dhacday in qolo waliba cid kale u hiil
raadsatay si ay wax isaga dhiciso.   Kolkaas mid ka mid ah
labadaa reer ayaa uu Xaaji Sharma'arke taageeray; waxana ay
arrintaasi ku gebagebowday in qoladii uu Xaajigu gacanta
siiyay ay ku guulaysatay in ay Berbera ka saaraan qoladii kale.
Ka dibna qoladii laga gacan sarreeyay u qaxeen Bullaxaar,
halkaasna magaaleeyeen.[81]

---

[81] Cruttenden, Lt., Memoir on the Western Idoor Tribes (1848)

In kasta oo labada magaalaxeebeed (Berbera iyo Saylac) ay ahaayeen qaar uu ganacsi ka socon jiray kumannaan gu' oo tegay, haddana, ka hor badhtamihii qarnigii 19[aad], Berbera (marka la barbar dhigo Saylac) ma noqonin meel si joogto ah loo deggan yahay.

Ugu dambayn, waxa aynnu halkan ku lafa guri doonnaa qodob soo noqnoqda oo dadka qaar sheegaan in reerihii degaanka ka ahaa Berbera ay iska hor taageen Xaaji Sharma'arke in uu dhisme ka taago Berbera, ugu dambayntiina Xaajiga lagu dilay Berbera. Se waxa ay tahay in labadan qodobba aaney ka tarjumayn sida ay wax u jireen. Arrinka ku saabsan geerida Xaaji Sharma'arke, waxa aan kaga hadli doonaa cutubka kan xiga. Haddaba labadan arrin ee sare xidhiidh lama laha Xaaji Sharma'arke, se waxa ay ku saabsanaayeen Maxamed Sharma'arke oo ahaa wiilkiisii. Sida ay wax u dhaceenna halkan hoose ayaan ku faahfaahiyay.

Marka dhacdadan laga hadlayo, waxa had iyo goor la soo qaataa odhaah la leeyahay Xaaji Sharma'arke ayaa ku howl gelin jiray shaqaalihii dhismahaas la sheegay ku howllanaa, taas oo ahayd *"Daartu daar bey daalibeysaa, anna duul baan u dudaayoo, u dan lee yahay."*

Haddaba is-diiddooyinka qodobka ku jira waxa ugu door roon kuwan soo socda:

a) Markeeda horeba, odhaahda ah *"Daartu daar bey daalibeysaa…"* waxa laga dhadhansan karaa in Berbera ay ka jirtay <u>daar kale</u>, oo la rabay in tan la dhisayay lagu dhereriyo ama laga qurux badnaysiiyo. Waxana maangal ah in xilligaasi ahaa goor Berbera la degay, dhisantay, oo aan si toos looga wada xagaa bixi jirin (sidii kolkii uu wax ka qoray Lafdhan Cruttenden, 1837). Markaa haddii Xaaji Sharma'arke la rabay in dhismaha laga hor joogsado, iyada oo la diiddanaa degaamaynta Berbera, waxa qodobkaas si cad u burinaya qaabka uu u dhiganyahay hees-howleedkan sare. Dhinaca kale, waxa xusid mudan in dhismeyaashii rasmiga ahaa ee ugu horreeyay ay Masaaridu Berbera ka dhiseen laga bilaabo 1872kii. Waxana xusid mudan in maamulkii Masaaridii/Turkigu uu ka jiray Berbera intii u dhexaysay 1870-84.[82]

b) Xaaji Sharma'arke xilligii uu noolaa, waxa uu ahaa ammintii u dhexaysay 1766-1861. Haddaba kol haddii si rasmi ah loo degay Berbera (sida aynnu qodobka sare ku soo sheegnay) bilowgii 1870aadkii, Xaajiguna geeriyooday gu'yaal aan badnayn ka hor (1861), ma jiri karto sabab loo yidhaahdo Xaajiga waxa laga burburiyay guri uu markaas dhisayay.

c) Gabayaagii Cali Jaamac Haabiil, oo sheekada sare gabay uu lahaa la sheego in uu udubdhexaad u ahaa, waxa loo badiyaa in uu noolaa ammintii u dhexaysay 1850-1929, waxana halkaas lagala soo dhex bixi karaa in Cali 11 jir ahaa markii uu geeriyooday Xaajigu, oo markaas ku dhintay da' ah 85 gu'. Xilligaasna taliskii Turkiga/Masaaridu aanu soo degin xeebaheenna, taas micnaheeduna yahay in aan dhisme hore ka jirin (illeyn Masaarida ayaa Berbera ka dhigtay meel si rasmi ah loo degganyahay e). Xaajiguna intii noloshiisa u dambaysay, waxa uu ku negi ahaa Zaylac oo olole iyo collaytan kaga socoday dhinaca Canfarta,

---

[82] I.M. Lewis, A Modern History of the Somali, fourth edition (Oxford: James Currey, 2002), p.43 & 49

Amiirkii Herer, iyo Faransiiska. Markaana waxa maangal ah in uusan isagu haweysteen in uu dhismeyaal Berbera ku yaal isku howlo. Se Xaaji Sharma'arke markii uu afarta qalcadood (*four Martello towers*) ka dhisay Berbera waxa lagu hilaadin karaa bilowgii 1830eeyadii, maxaa yeelay, Lafdhan Cruttenden oo soo maray Berbera 1847 ayaa arkay burburkoodii, sida aan ku soo xusay bilowga cutubkan.

Guntii iyo gebgebadii, waxa meeshan innooga muuqan kara in ay kala jireen laba dhisme: Mid waa afartaas qalcadood ee uu Xaaji Sharma'arke dhisay 1830eeyadii; waana ka horraysay xilli uu dhashay Cali Jaamac Haabiil, kana gabyo. Dhismaha kalena waa ka uu dhisayay Maxamed Sharma'arke xilli la degay Berbera.

9

Dhammaadkii Taliskii Xaaji Sharma'arke

Xaaji Sharma'arke waxa uu maamulka Saylac gacanta ku dhigay 1841kii waxana uu soo gebageboobay 1861kii. Amminta waxa ku dhex jirtay xilli kooban oo xilka uu waayay (1855kii) se haddana uu dib ula wareegay.

Mijir Rayne, oo ahaa Badhasaabkii Ingiriiska u fadhiyay Saylac (1921kii), oo wax ka qoray sida Xaajiga xilka looga qaaday, waxa uu sheegay in Maamulihii Mukha/Xudayda, oo goor kasta aan haysannin dhaqaale ku filan, uu laaluush ka helay nin Canfari ah oo magaciisu la odhon jiray Abubakar Ibraahin Shiibaani (Abubakar Baasha), isla markaana u hubeeyay askar Yaman ah, si ay Xaajiga uga qabsadaan Saylac. Xaajigu xilligaas (1855) waxa uu ahaa da', waxana ay noqotay ka fursanwaa in uu ka daaddego maamulka. Waxa la sheegay in Abubakar Baasha ka dhaadhiciyay Xaajiga in uu xilka ka nasto (arrimo caafimaad darro daraaddood), una baahan yahay hawogeddis. [83] Se mar dambe ayaa Xaajiga haddana dib loogu magacaabey maamulka Zaylac ilaa intii uu ka geerioonayay 1861kii. [84]

---

[83] Major H. Rayne, <u>Sun, Sand and Somals</u>, p 16.
[84] Mohamed Osman Omer, <u>The Scramble in the Horn of Africa – History of Somalia 1827-1977</u>, (2001) Somali Pulications, Mogadishu.

Xog kale ayaa sidan u dhigan: Maamul-ka-xayuubintii koowaad (1855) ee Xaajiga waxa kale oo loo sibir saaraa in Baashihii Xudayda ku tuhmay Xaaji Sharma'arke hoggaansanaan la'aan, iyo in uu qaar ka mid ah jidadka safarrada ee Herer xayiraad ku soo rogay, isla markaana uu cidhiidhi geliyay ganacsigii u socday Tojorra, isaga oo goor kasta rabay in Saylac camirnaato. Waxa la sheegaa in la xidhay Xaajiga, se Ingiriisku ka maslaxay, ka dibna ganaaax 3,000 doollar ah laga qaaday, markii dambena uu Cadan degay (Burton: I:14).

Sidii aynnu soo sheegnay waxa uu hore Xaajigu taliska Saylac ugala wareegay nin Carab ah oo la odhon jiray Sayid Muxamed Al-Barr.[85] Maamulwanaaggii uu la yimidna waxa ka dhashay koboc dhaqaale oo saameeyay nolosha dadkii reer Saylac. Si fiican ayuu Xaajigu isugu dubba ritay maamulkii iyo ganacsigii Saylac, ha yeeshee gacan-ku-hayntiisii Berbera ma ay ahayn mid joogto ah – marka la barbar dhigo Saylac.

Haddaba imaatinkii qarnigii 19[aad], oo cagaha ku watay raadayntii Kacaankii Wershadeynta (1760–1840) iyo damacii gumaysi ee reer Yurub, dhanka kelena ay wehelisay hoobadkii Imbaraadooriyaddii Cusmaaniyiinta, ayaa waayo cusub ku soo kordhiyay maamulladii ka jiray dalalka ku xeeran Badda Cas, Khaliijka Cadmeed iyo inta ka durugsanba. Sidaas oo kale, ololihii joojinta ka-ganacsigii addoomaha oo uu safka hore kaga jiray Ingiriisku, iyo weliba olole lagu fidinaayo Masiixiyadda oo ku aaddanaa Afrika ayaa udubdhexaad u ahaa dhaqdhaqaaqyadaas.

---

[85] Sayid Maxamed Al-Barr, waxa uu ahaan jirey taliyaha guud ee Ciidanka Shariif Xuseenka Mukha.

Iyada oo koboca nidaam ama maamul iyo, dhinaca kale, hoos u dhaciisuba yahay arrin ay nolosha iyo waayaha ku xeerani sargooyaan, oo kolba sii jiritaankiisu xidhiidh la yeelan karo awoodda iyo fayaqabka maan iyo jidheed ee cidda gacanta ku haysa, iyo ka-falcelinta habboon ee waayaha kolba ku soo kordha, waxa haddana laga dheehan karaa sooyaalnololeedka Xaajiga in aanuu u yaraysanin sidii uu u sii joogtayn lahaa maamulkiisa. Waxana taas ka markhaati kacaya sida uu u tababaray wiilashiisii isla markaana uu ugu jiray dadaalka in uu ku hubeeyo waxa Alle wixii lagama maarmaanka u ahaa hanashada xilka uu uga tegi rabay – hab ugu horrayso waxbarashadu e. Weliba intii uu Xaajigu Saylac gacanta ku hayay waxa kale oo uu wiilkiisii Maxamed ku tijaabiyay in uu maamulo Berbera.

Damaca uu lahaa Xaajigu ee uu rabay in uu maamulkiisa sii ballaadhiyo ayaa keenay in qabaa'ilka qaar ama maamuleyaal dhulal kale ay isaga ku eegaan il tuhun. Tusaale ahaan, Burton waxa uu sheegay in Amiirka Herer uu cabsi badan ka qabay Xaajigu in uu ku soo duulo, oo uu Herer ka fara maroojiyo.[86] Frederick Forbes oo Berbera soo maray 1833kii waxa uu sheegay in reerihii gacanta ku hayay Berbera ay nacayb u hayeen Xaajiga.[87] Taas oo uu u maleeyay in habdhaqankaasi ka dhashay iskudeygii Xaajigu ku rabay in uu Saylac ka dhigo marinka ugu mudan ee uu maro ganacsiga

[86] Burton, First Footsteps in East Africa, bogga ii. 21.
[87] The Visit of Fredrick Forbes to the Somali Coast. Edited by Roy Bridges, p6. Also see footnote on the same reference: Lewis, A Modern History, 33-35; Marston, Britain's Imperial Role, 147, 212; Burton, First Footsteps, vol. I, 12-13 and note, vol. II, 74-75; First Footsteps in East Africa by Sir R.F. Burton, Gordon Waterfield, ed. (London, 1966), 280.

Herer dhammaantii – taas oo ay reerahaasi u qaateen in uu cunaqabatayn dadban saarayo Berbera.[88]

Tobaneeyo gu' kaddib xilligaas uu Frederick Forbes ka warramayo, loollankaasi waa sii jiray. Dadaalka uu Xaajigu geliyay in uu Berbera ka taliyo waxa badhi-taar u ah nuxurka odhaah Soomaaliyeed oo sida u dhignayd "Ka (qofka) gadhwadeen ka ah Berbera, ayaa gadhka Hererna haya".[89] Waxa kale oo uu Xaajigu danayn jiray in kooto ku qabsado ganacsiga gobolka. Waxa uu sidoo kale ku dhiirri geliyay kooxo ka tirsan qabiilka Ciisaha in ay weerarro ku qaadaan safarrada gudaha Itoobiya ka yimaadda ee u jeeda Tojorra. Haddaba, awooddiisii marba marka ka dambeysay sii kordhaysay waxa ay nacayb gelisay Amiirkii Herer, oo ku dhiirri geliyay qabiilooyinkii Berbera gacanta ku heyn jiray in ay ka dhiidhiyaan ka talinta Xaajiga ee Berbera. Xaajiguna dhankiisa waxa uu isku deyay in Soomaalida uu ku kiciyo Amiirka Herer si taliska looga tuuryo, se arrintu waxa ay ku gebagebowday in 1852kii Xaajiga Berbera laga saaro. Intaas kaddib, waxa uu isku deyay in uu Berbera bandoo gareeyo, se Ingiriiska oo Cadan degganaa ayaa kala taliyay in uusan tallaabadaas qaado, waxana xidhay maamulkii Cusmaaniyiinta ee Makka 1855kii. Waana markii Saylac gacanta loo geliyay Abu Bakar oo ahaa ganacsade Canfari ah oo reer Tojorra ahaa, kana xoogsan jiray addoomaha.[90]

---

[88] The Visit of Frederick Forbes to the Somali Coast in 1833, edited by Roy Bridges.

[89] R. Burton, 1894, Vol. 2, p. 28.

[90] J. F. Ade Ajayi, General History of Africa VI, Africa in the Nineteenth Century until the 1880s (UNESCO), p. 386 iyo sidoo kale

Dhinaca kalena, waxa jiray loollan kale oo ka dhexeeyay Xaajiga iyo Suldaankii Canfarta, oo Xaajigu rabay in uu, si la mid ah sida Berbera, ganacsi badan ka soo leexiyo Tojorra. Sida aynnu meel hore ku soo sheegnayna, Xaajigu cashuurta ka soo baxda Tojorra, qayb baa loo soo goyn jiray.

Xitaa weerarkii duleedka Berbera ka dhacay 1855kii ee ay reer Berbera ku qaadeen Richard Burton iyo kooxdii la socotay, waxa la sheegaa in uu xidhiidh la lahaa dareen ay qabeen reerihii Berbera gacanta ku hayay in Burton iyo guud ahaan Ingiriiskuba rabeen in Xaaji Sharma'arke gacanta loo geliyo Berbera.[91] Weerarkaasi waxa uu ku gebageboobey geeridii Lafdan Stroyan, iyo Burton oo lafahaantiisa dhaawac waran ka soo gaadhay daanka.

Weerarkaas waxa ka dhashay in cunaqabatayn la saaro magaalada Berbera, iyo u dhexaysa Siyaaro oo bari Berbera ka xigta iyo Buurta Almis oo galbeed ka xiga Bullaaar. Se markii ay taariikhdu ahayd 19kii Abril 1855, ayaa qalinka lagu duugay heshiis nabadeed iyo saaxiibtinnimo oo dhex mara beelihii Berbera gacanta ku hayay iyo wakiilkii *Shirkadda Bariga Hindiya* u fadhiyay Cadan, William Coghlan.[92] Qodobbada lagu

---

The Era of the Princes. The Challenge of Islam and the Reunification of theChristian Empire 1769-1855 *(Longman, London) pp. 14-15*

[91] R. Joint Daguenet, La côte africaine du golfe d'Aden au milieu du XIXe siècle. Waxa uu R. Joint Daguenet soo xigtay warbixin uu sameeyay Coghlan, Badhasaabkii Cadan, 23 April 1855 (see I.O.R., L / P & S / 9, vol.39, pp. 139-149) oo sheegmadaasi mar kale ku soo noqotay warbixin kale oo ku taariikhaysnayd November 9, 1856 (see I.O.R., L / P & S / 9, vol.35, §5, pp. 351-368.
[92] Mohamed Osman Omer, The Scramble in the Horn of Africa (1827-1977). Bogga 541, iyo sidoo kale a Collection of Treaties,

heshiiyayna waxa ay ahaayeen: In la soo qabto oo la soo gacan geliyo ninkii dilay Lafdhan Stroyan kana mid ahaa raggii la socday Burton ee weerarkii duleedka Berbera ka dhacay lagu dilay. Sidaas oo kale, in ciddii magan geliyo siisa ninkaas (oo Aw Cali la odhon jiray) ay mutaysan doonto in loo diido gelitaanka Cadan. Waxa kale oo ku xusnaa heshiiskaas in maraakiibta ku gooshaysa bandiiradda (calanka) Ingiriiska, ay si xor ah uga ganacsan karaan Berbera, ama goobaha kale ee ku yaalla dhulka ay deggan yihiin beelahaasi. Waxa kale oo ku jiray in socotada iyo muwaadiniinta Ingiriis ay nabadgeliyo buuxda iyo xorriyad ku mari karaan dhammaan qaybaha dhulalkaas (hoos yimaadda beelahaas). Dhiggoodana xubnaha beelahaasi ay si xor ah ku mari karaan ugana ganacsan karaan dhulalka Ingiriisku ka taliyo.

Qodob kale oo mudnaantiisa leh ayaa ahaa in dadka addoonsiga loo wado ee la soo dhex mariyo degaanka ay beelahaasi degaan, iyo kuwa laga dhoofiyo Berbera, loo joojiyo si kama dambayn ah. Sidaas oo kale, waxa uu heshiiskaasi awood siinayay wakiilka siyaasadeed ee *Shirkadda Bariga Hindiya* u fadhiyay Cadan in uu madax bannaani u yeelan doono in uu Berbera u soo diro wakiil, siiba xilliga 'bandhigga' (ee ah xilliga badfuranka ee ganacsigu ka socdo), si uu u hubiyo in qodobbada heshiiskani si fiican u dhaqan galeen, isla markaana wakiilkaas loola dhaqmo si xishmadi ku jirto.

Ugu dambayn, waxa la rabay in odayaasha beelalahaasi ballanqaad sameeyaan in ay u hoggaansamaan qodobbada heshiiskaas, isla markaana ka dhaadhiciyaan xubnaha beelahooda oo idil in ay si la mid ah heshiiskaas ugu hoggaansamaan, ciddii fadqalallo ku kacdana ay gacanta u soo geliyaan wakiilka Shirkadda ee Cadan deggan. Sidaas ayaa lagaga qaaday bandoogii iyo cunaqabatayntii, si ay nabad joogto ah iyo saaxiibtinnimo u dhex marto Ingiriiska iyo beelahaas.

Dhinaca kale, Burton, waxa uu qabay in ay habboon tahay in la joojiyo abbaansiga[93] oo uu u arkayay in ay u dhiganto xoolo baad ah oo kale. [94] Waxana uu ku dooday, kol haddii Soomaalidu Cadan ku geli karto iyaga oo aan cid abbaansan, si la mid ah in (ugu yaraan) socotada Ingiriiska ah aan lagu dirqiyin bixinta lacagta abbaannimada.[95] Arrinkan oo mabda' ahaan ah mid qumman, se maaraynteeda loo arkayay in uu Burton ku degdegay, dhinaca Soomaalidana u dhignaa tixgelin la'aan dhaqan soo jireen ah, waxa uu qodobkani door mudnaantiisa leh ka qaatay weerarkii lagu qaaday ardaagiisii goor uu Berbera duleedkeeda ku dhaxay, halkaas oo dhimasho iyo dhaawacba ka dhasheen shilkaas.

Haddaba, kol haddii Xaajiga loo arkaayay in uu jaal (saaxiib) dhow la ahaa Ingiriiska, waxa arrimahaas aynnu soo sheegnay

---

[93] Abbaan/ abbaansi: Beryihii hore waxa jiri jiray in dadka waageeniga ah (ajnebiga) ee carriga Soomaaliyeed yimaadda (siiba dhinaca xeebaha) ee dan ganacsi ama mid kale ka lahaa socdaalkooda, in qof caan ah ama magac weyn leh oo degaankaas ka soo jeeda uu Abbaan (ilaaliye) u noqon jiray, si aan cid kale ugu joor falin. Adeegga jaadkan oo kale ah waxa uu qofka waageeniga ahi dhaafsiisan jiray hanti ama *mushqaayad*.

[94] James L. Newman, Paths Without Glory: Richard Francis Burton in Africa (2010), Potomac Books Inc., Washington D.C.

[95] Journal of Adventures in Somali Land. Chapter IV

oo dhammi iyo qaar kaleba Xaajiga u sameeyeen cadow badan oo goor kasta naawilayay sidii jilbaha loogu ridi lahaa maamulkiisa. Dhinaca kale, Xaajiga oo had iyo jeeraale lahaa meel-istaag (mawqif) cad, waxa uu isku hallayn badan iyo saaxiibtinnimo u muujiyey Ingiriiska, heer lagu tilmaamay in uu yahay qof danaha Ingiriiska had iyo jeer u darban. Ha yeeshee Ingiriisku kama caabbiyin docadocayn iyo xadhigmaleegyo kaga yimid dhincii Baashihii Canfarta, Maamulihii Turkiga u fadhiyay Mukha/Xudayda, iyo weliba Faransiiska oo xilliyadaas aad ugu howllanaan in uu dego xeebaha Jabuutii, xidhiidh fiicanna la lahaa Baashihii Canfarta.

10

Geeridii Xaaji Sharma'arke

Gunaanadka noloshii Xaajiga iyo halka uu ku dambeeyay warar is dhaafdhaafsan baa ka jira. Arrinka ugu mudan ee galaaftay maamulkii Xaajiga waxa uu ahaa eedayntii isaga Faransiisku ku eedeeyeen in uu ka dambeeyay dhimashadii Henri Lambert, qunsulkii Faransiiska u fadhiyay Cadan, xilli uu ku guda jiray socdaal magaalaxeebeedyada Badda Cas, oo markabkiisu ku caashaqday (xidhay) marsada Mukha ee dalka Yaman. Faransiisku waxa uu ku eedeeyay in Lambert laga tuuray markabkii uu fuushanaa, ka dibna uu ku qarqoomay baddii gu'gii 1859kii.[96]

Mar kale, sida uu qoray Drake-Brochman, waxa la sheegay nin xidhiidh dhow la leh Xaajigaka, wakiilna u ahaa, uu nin Faransiis ah ku dilay meesha la yidhaahdo Ceel Goray,[97] ka dibna Xaaji Sharma'arke lagu qaaday minawaar (markab dagaal) oo Faransiisku lahaa, loona geeyay Shariifkii Mukha

---

[96] R. Joint Daguenet, <u>La côte africaine du golfe d'Aden au milieu du XIXe siècle</u>

[97] Major (Mijir) Rayne waxa uu buuggiisa <u>Sun, Sands and Somals</u> ku sheegayaa in El Kori (Ceel Goray?) ay ku taallay soohdinta Faransiiska iyo Ingiriiska, xarun booliisna ahayd (Bogga135). Waa arrin hubin u baahan in ay Lowyocaddada maanta jirta tahay.

(ee dalka Yaman) si garsoorka loo mariyo, aan se dib warkiisa loo maqlin.[98]

Werin kale ayaa odhonaysa in Faransiisku tallaabo aargoosi ah kula kacay Xaajiga, ka dib markii uu Xaajigu u diiday in uu ka iibiyo guri bangalo ah oo uu lahaa, kuna yaallay Saylac, qunsulkii Faransiiska u fadhiyay Jidda (dalka Sucuudiga) oo magaciisu ahaa, M. Rochet d'Hericourt. Haddaba bishii Juun 1859, ayaa qunsulkii Faransiiska u fadhiyay Cadan, Henri Lambert, uu Xaajiga ka afduubay, kuna xidhay markab Faransiisku lahaa, halkaasna ku geeriyooday 1861kii.[99] Qodobkan ugu dambeeya ee sheegaya in M. Lambert Xaajiga ka afduubay Cadan, waxa uu ka soo horjeedaa sheegitaanka kale ee aynnu kor ku soo xusnay oo ah in qarqoonkii M. Lambert laftarkiisa, ee ka dhashay (sida ay Faransiisku sheegteen ama u fasirteen arrinta) tuuristii laga tuuray Markab ku caashaqnaa dekadda Mukha, in lagu eedeeyay Xaaji Sharma'arke in uu ka dambeeyay. Ismaandhaafkaasi waxa uu abuurayaa weyddiinta ah: Horta kee baa hor dhintay M. Lambert iyo Xaaji Sharma'arke? Xogaha jira oo dhammina waxa ay muujinayaan in M. Lambert uu hor dhintay.

Sheegid kele, oo ku saabsan meesha uu ku dambeeyay Xaajigu, oo laga yaabo in ay noqon karta ta ugu maangalsan,

---

[98] Drake-Brochman, British Somaliland, 1912, bogga 22.
[99] PRO, FO 78/3185, Mr Colquhoun to Lord Russell, 6 June 1861.
Sidoo kale: Jama Mohamed, The Past and Present Society, Oxford, 2002.

kuna soo baxday buugga *The British Captives in Abbysinia* (1867)[100] waxa ay u taal sidan:

Bishii Julay 1859kii, M. Henri Lambert, oo aha qunsulkii Faransiiska u joogay Cadan, ayaa si aan ula kac (kas) ahayn ugu qarqoomay badda u dhexaysa Xudayda iyo Tojorra, isaga oo ku socdaalayay doon Saylac laga leeyahay. Haddaba maamulihii hore ee Saylac (oo uu hore u af gembiyay Xaaji Sharma'arke), magaciisuna ahaa Abubakar[101], oo markaas joogay Tojorra, ayaa tallaabo aargoosi ah la beegsaday ninkii ay colka ahaayeen ee Saylac kala wareegay, isaga oo ku eedeeyay in uu Xaajigu ka dambeeyay dhimashadii M. Henri Lambert. Haddaba arrinkan markii Cadan laga ogaaday, ayaa Qunsulkii Siyaasadeed ee Ingiriisku (Sarreeye Guuto William Coghlan), Saylac u soo diray ku-xigeenkiisii (Kabtan Palyfair oo uu weheliyo Kabtan Sherard Osborn),[102] ay u soo ambabaxeen dhinaca Saylac, si uu u soo baadho dhacdadaas. Waxana caddaatay in shilka ku dhacay M. Henri Lambert uu ahaa mid aan ula kac ahayn, isla markaana Abubakar ahaa ninka eedaynta Xaaji Sharma'arke ka dambeeyay ee dembiga ku moosay, oo buunbuuniyay dhacdadaas – nacayb dartiis.[103]

Ingiriiska arrintaas waxa uu ka diyaariyey warbixin wadata go'aankii sidii ay wax u dhaceen (siiba in ay dhacdadu ahayd shil aan loo badheedhin), waxana loo diray dawladda

---

[100] Charles T. Beke, <u>The British Captives of Abyssinia</u>,p 65, London, Lognmans (1867)
[101] Abubakar Ibraahin Shiibaani (Abubakar Baasha)
[102] E. Hertslet, p. 38 (1874).
[103] E. Hertslet, waxa uu qorayaa in doontii uu Lambert ku socdaaley ay duqeysay dhagax-shaacibi u dhow Jasiiradaha. Muusa, taasina dhalisay qaroonka iyo dhimashada Lambert.

Faransiiska, ha yeeshee dheg jalaq uma ay siinnin, waxana ay dhammaadkii 1860kii Saylac u soo direen markab minawaar ah oo magaciisa la odhon jiray *"Le Somme"*, oo uu la socdo Vicomte Fleuriot de Langle, Madaxii Ciidanka Badda Faransiiska ee degganaa jasiiradda Le Reunion ee Badweynta Hindiya ku taal, si uu u soo baadho. Kaddiba waxa ay ku dhammaatay arrinti in la soo qabto Xaaji Sharma'arke, meeshiisiina Abubakarkii ay cadaawaddu ka dhexeysay ku magacaabaan bishii Jeenaweri 1861kii.[104]

Dhacdadan sare waxa marmarsiiyo Faransiisku uga dhigtay in Xaajiga, oo markii horeba loo dan lahaa (ulo booca loogu tukubayay), laga aar goosto oo Faransiisku faraha la soo galo. Waxana dhacday in Xaaji Sharma'arke iyo ilaa laba iyo toban qof oo kale, si khaldan loogu eedeeyay in ay ka dambeeyeen dhimashadii M. Lambert, isla markaana la qabqabtay oo la xidhay, loona qaaday Xudayda si sharcigii Turkiga loo mariyo, kol haddii ay Saylac hoos imanaysay Badhasaabkii Turkiga u fadhiyay meeshaas. Ha yeeshee Badhasaabkii Xudayda waa uu diiday in uu arrintaas soo dhex galo. Haddana waxa loo sii gudbiyay Jidda, halkaas oo uu ka doonay Badhasaabkii guud (Waaligii) ee Hijaz in uu raggan ugala wareego, si loogu sii gudbiyo Istanbuul (Turkiga). Isna waa uu ka gaabsaday in uu faraha la galo arrinka maxaabiistaas. Markii ay intaas dhacday ayaa Taliyihii Faransiiska ahaa u qaaday nimankii dalka Faransiiska. Ha yeeshee, sida ay xogtani muujinayso, Xaaji Sharma'arke waxa uu ku geeriyooday korka markabkii uu saarnaa, intii uu taagnaa dekadda Jidda. Ingiriiska oo

---

[104] Meel la mid ah tan sare (mlm), bogga 39. Sidookale, Charles T. Beke, <u>The British Captives of Abyssinia</u>,p 65, London, Lognmans (1867)

dhinacooda baadhitaan ka sameeycy, waxa ay guud-ahaan rumeysnaayeen in dhibbaneyaashaas dhammaantood aaney lahayn dembigaas lagu oogey. [105] Si kastaba ha ahaatee, Faransiisku waxa uu Imbaraadooriyaddii Turkiga ka dalbadey magdhow dhan 30,000 oo dollar, oo uu kan dambe oggolaaday in ay bixiyaan, iyada oo laga jarayay dakhliga ka soo hoyan jiray Yaman, ilaa uu qaddarkaas lacageed bixinteedu ka dhammaanaysay.[106]

Dilkii Lambert waxa uu Faransiiska ku xambaaray in uu iibsado Obokh 1862kii, una horseeddo in labadii dal ee reer Yurub (Ingiriiska iyo Faransiiska) oo ku loollamayay xeebaha Qoorriga Cadmeed iyo Badda Cas ay kala qabsadaan, oo kala xeroxeraystaan dhulalkaas xeebaha kulaalayay.

Haddaba dhacdadan kor ku xusani ma la odhon karaa in ay tahay mid ka mid ah af duubyadii siyaasadeed ee Afrika ka dhaca kuwii ugu horreeyay? Waxa ay ka dhignayd "ninkii xooggan uun baa gar leh." Waxa badan lagama oga saansaanka ku xeeran geeridii Xaajiga ee "markabka guudkiisa". Waxana sidoo kale baadhitaan u baahan meesha ay ku dambeeyeen kooxdii kale ee Xaajiga lala af duubay ee la sheegay in dalka Faransiiska la geeyay. Weyddiin kale oo muhiim ahi waxa ay tahay, maxaa keenay in labadii Badhasaab ee Xudayda iyo Jidda ay ka gaabsadaan in ay Xukumaan Xaajiga iyo kooxdiisii af duubka loo watay? Kol haddii baadhitaankii Ingiriisku sameeyay ee ku saabsanaa dhimashadii Henri Lambert, uu muujiyay (sida aynnu kor ku soo sheegnay) in aanu Xaajigu dembi ku lahayn, ma loo arki

---

[105] *Ibid,* Meel la mid ah (mlm) bogga 39.
[106] Mlm, bogga 39.

karaa diidmada labada Badhasaab (Baashe) in aanay iyana ka raalli ahayn af duubka lagu watay Xaajiga, ha yeeshee aanay waxba ka qaban karaynin arrinkaas?

Si kastaba arrinku ha ahaadee, waxa muuqday isbahaysi afargeesood ah oo ka dhan ah Xaajiga – kaas oo ka koobanaa Faransiiska, Baashihii Turkiga uga wakiilka ahaa Xudayda (Yaman), Amiirkii Herer, iyo Baashihii Canfarta. Dhanka kalena, waxa caddaatay in Xaajigu ku garab la'aa, oo aanu Ingiriiska ka helin hiil uu iskaga caabbiyo isbahaysigaas cadaawadeed.

In Faransiisku la safto Abubakar Ibraahin Baasha, maamulihii Obokh, waxa keenay iyaga oo xaajiga ka dhex arkayay in uu si cad ula saftay Ingiriiska, oo uu loollan siyaasadeed iyo mid dhaqaale oo gobolka Geeska Afrika ahi ka dhexeeyey. Waana tan sida uu qorey R. Joint Daguenet, isaga oo sababeynaya mudnaanta ay leedahay in la jebiyo, jilbahana loo rido Xaaji Sharma'arke:

"Tel est l'homme redoutable auquel notre agent consulaire à Aden, Henri Lambert, s'est mesuré, avec quelque légèreté. Il est vrai qu'entre le Somali Shermarke et le Danakil Aboubeker, une fois le choix fait, on ne pouvait plus y revenir; et un Français pouvait-il choisir le camp du «protecteur des Anglais »? Si le premier n'avait nul besoin du Français et le fit assassiner sans vergogne lorsqu'il devint gênant, le second, trouvant que l'influence anglaise profitait trop à Shermarke, cherchait à créer un équilibre par une présencefrançaise à

Tadjoura. Telles furent probablement les motivations profondes des deux hommes".[107]

Waa tan tarjumaddii xigashada sare:

Waa kaas ninka halista ah ee qunsulkeenna Cadmeed Henri Lambert uu dhayalsaday. Waxana ay runtu tahay, in labada nin ee kala ah Soomaaliga Sharma'arke, iyo Dankaliga Abu Bakar, haddii aynnu mar kala doranaynno, dib loogama noqon karo xulashadaas *(aynnu ku doorannay Abu Bakar)*. Miyaa ay suurtogal u tahay nin Faransiis ah in uu doorto Kaamka *(dhinaca)* "Abbaanka Ingiriiska?" Haddii ka hore *(Sharma'arke)* wax dan ahi ugu jirin *(la safashada)* ninkan Faransiis, markaasna uu si fool xun u dilay, kaddib markii uu ku noqday dhibloow, kan dambena *(Abu Bakar)* rabay in uu halistaas ku dheelli tiro Faransiiska oo joogitaan ku yeesho Tojorra; arrimahaas ayaa qiyaastii ahaa kuwa shidaalinayay, dhiirrigelinna u ahaa falaadaha labadaas nin *(iyo weliba tallaabadii uu Faransiisku qaaday). {Emphasis is mine: Faahfaahintu waa dhankeyga}).*

Markii Xaaji Sharma'arke lagala wareegay maamulkii Saylac, waxa si la mid ah inankiisii Maxamed oo xilligaas gacanta ku hayay Berbera lagala wareegay gacan-ku-heyntii Berbera. Sida uu sheegayna Langton P. Walsh, oo ahaa sarkaalkii ugu horreeyay ee loo soo igmaday in uu maamul ka dhiso Maxmiyaddii Somaliland (1884kii), in kasta oo uu Maxamed, si aan soo laabasho lahayn u waayay maamulkii Berbera, haddana waxa uu goor kasta ahaa qof raadayn ballaadhan iyo muuqba ku leh Berbera. Waxana uu sidaas oo kale ka mid ahaa

---

[107] R. Joint Daguenet, La côte africaine du golfe d'Aden au milieu du XIXe siècle, In: Revue française d'histoire d'outre-mer, tome 79, n°294, 1er trimestre 1992. P 108.

Jiif-Caaqilladii ugu magaca roonaa dhulkaas ee gunnada ka
qaadan jiray Ingiriiska.

Waa kan qoraalkii Walsh:

> "I was myself Administrator in sole charge of Berbera in 1884,
> thirty years after Burton's visit there, and I was particularly
> struck by his word-picture of Akil Mohamed Shermarki, who
> was the Governor of Berbera in 1854, and in 1884 was the
> senior Stipendiary Akil in the pay of the British. When El Haj
> Shermarki was ousted from the Governorship of Zeila, his son
> Mahamed was compelled to abandon his control over Berbera.
> And he never regained it, although always a man of
> importance and great influence in Berbera." [108]

> [....] "1884kii, soddon gu' kaddib markii Burton yimid Berbera,
> waxa aan laftarkaygu ahaa maamulihii keliya ahaa ee u xil
> saarnaa Berbera. Waxa si gaar ah ii raadeeyay fikirka la iga
> siiyay Caaqil Maxamed Sharma'arke, oo ahaa Badhasaabkii
> Berbera 1854kii, markii dambena 1884kii ahaa Caaqilka ugu
> mushahar ka badan ee Ingiriiska ka qaata. Markii Xaaji
> Sharma'arke laga caydhiyey xukunkii Seylac, si la mid ah
> wiilkiisii Maxamed waxa lagu sandulleeyay in uu Berbera
> faraha ka qaado. Dibna ula ma soo noqonin, in kasta oo uu
> goor iyo ayaan ahaa qof mudnaantiisa leh oo saameyn weyn
> ku leh Berbera."

Mar uu Xaajigu ku negaa Cadan, isaga oo da' ah, haddana
waxa uu ku dedaali jiray in magaca qoyskiisa iyo meel-
joogsiyadii (mawqifyadii) astaanta u ahaa maamulkiisii aanay
waxba iska doorinnin. Tusaale ahaan, mar uu wiilkiisii
Maxamed isku dayay in guri bangalo ah oo uu Saylac ku lahaa

---

[108] Langton P. Walsh, <u>Under the Flag and Somali Coast Stories</u>, p 93

Xaajigu ka iibiyo M. Rochet d'Hericourt, qunsulkii Faransiiska u fadhiyay Jidda, isla markaana kula heshiishay lacag saddex-laab u dhiganta qiimaha gurigu taagnaa, arrintaas aawadeed waxa uu Xaajigu u socdaalay Saylac si uu heshiiskaas u buriyo. Waxana uu lacagtaas tirada badan ee loo dhigay ka door biday in ay ka maqnaato, halkii uu (sida Burton qoray) nacab (cadow) oodo wadaag (jaar) la noqon lahaa, (waa sida uu Xaajigu u dhigay e) isaga oo ogsoonaa hunguriga Faransiiska Saylac kaga jiray, iyo sida uu gurigaasi isugu doorin lahaa saldhig ciidan iyo qalcad.[109]

Waxa ka muuqata falkan Xaajigu ku kacay nacaybka uu u qabay Faransiiska, iyada oo weliba Faransiisku rabay in uu Saylac gacanta ku dhigo, kol haddii ay ahayd marinka ugu mudan ee ganacsi ee isku xidha Bariga iyo Koonfurta Itoobiya. Ha yeeshee, xilliyo dambe, waxa uu Faransiisku rabitaankiisii ku xaqiijiyay dhisidda dekadda Jabuuti iyo dhabbadii tareenka.

Arrimahaas aynnu kor ku soo xusnay aawadood, waa muuqataa in ay jireen culaysyo iyo xadhig maleegyo maamulka Xaajiga kaga imanayay dhinacyo kala duwan; in muuqiisa iyo magaciisa la waayaana waxa ay u eekayd yool uu Faransiiska iyo inta ay dan-wadaagta yihiin u wada tafa xaydnaayeen. Baroobagaandaha iyo magac xumaynta Faransiisku ku hayay Xaajiga waxa laga dhex akhriyi karaa qoraal uu diyaariyay R. Joint Daguenet, oo uu Xaajiga ku tilmaamay budhcad iyo nin xadhig maleeg badan.[110]

---

[109] Burton: (I:14)
[110] R. Joint Daguenet, La côte africaine du golfe d'Aden au milieu du XIXe siècle (Xeebta Afrika ee Gacanka Cadmeed badhtamihii Qarnigii 19aad).

Noloshii Xaajigu waxa ay ahayd mid ay ku xardhan tahay muuqaallo iyo astaamo kala duwan sida: Geesinnimo, deeqsinnimo, hal-adayg, leexleexasho la'aan iyo biime; garsoor wacnaan, Alle-ka-cabsi, firfircooni ganacsi, aragti dheeraan iyo hammi fog. Waxa uu Xaajigu ahaa hoggaamiye halabuur leh, oo la yimid habmaamul ku cusub degaannada Soomaalida intooda badan (amaba se aan hore loo arag marka dhinacyada qaar laga eego). Inta ay Soomaalidu dhexdooda reerba reer kale iska eegayay, waxa uu Xaajigu ahaa mid isha ku haya xoogag iyo maamullo ka baxsan Soomaalida oo uu loollan/tartan ka dhexeeyay sida maamulkii Canfarta iyo kii Hererba. Waxa uu ahaa nin xidhii<u>dho</u> badan oo caalami ah samaystay isla markaana wax weyni uga baxsanaayeen midhaha laga dheefsan karo iskaashiyadaas, ama dhinaca kale dhibaatooyinka ay maamulkiisa ku keeni karaan damacyada dibadeed.

Waxa ah arrin u baahan in hoos loogu sii dhabba galo, arrimo run ahaantii loo arki karo in ay ugub ku ahaayeen nolosha dhaqandhaqaale iyo siyaasadeed ee Soomaalidii xilligaas noolayd. Waxyaabaha ugu mudan ee uu rumeeyay intii uu noolaa waxa ka mid ah:

a) Waa ninkii soo af jaray is daba cidhbintii maamuleyaashii Carbeed ee Saylac, ka dib markii uu gacanta ku dhigay Saylac, waxana uu taariikhda ku galay ninkii ugu horreeyay ee maamulka Zaylac hoos keena Soomaali isaga oo meesha ka caydhiyay qoyskii reer Al-Barr. (Yasin, 2010)

a) In uu xilligaas hore uu garwaaqsado qaayaha ay waxbarashadu leedahay, oo uu wiil uu dhalay u diro waxbarasho dibadeed, isla markaana la rabay horumar

aqooneed oo intaas ka badan, ayaa mid fiiradeeda leh.
(Burton: 1854)

b) Waxa laga yaabaa in uu noqon karo (inta la ogyahay)
qofkii ugu horreeyay ee Soomaaliyeed ee maamula degaan
ka baxsan ka ay beeshiisu ka soo jeeddo.

c) Afar qalcadood oo uu ka dhisay Berbera, sida uu innoo
sheegay Burton oo xiganaya   Lieutenant (Lafdhan)
Cruttenden, waxa ay ahaayeen dhismeyaashii ugu
horreeyay ee dhagax ka samaysan ee Berbera laga taago.
(Cruttenden, 1847; Burton, 1854)

d) Waxa uu ahaa nin aan maamulkiisa ka dhigin mid reer
ama beeleed bal se adeegsan jiray ciidan, hawlwadeenno
iyo shaqaale waageeni ah (ajnebi), iyada oo aanu ka tegin
Soomaalidana. Marnaba lama sheegin in uu reerka uu ka
dhashay hareerihiisa ku ururiyo, ama siyaabo kala duwan
u soo abaabulo (tollaayeey!).

e) Waxa ah arrin aan la dhayalsan karin in uu ku guulaysto
ka-muuqashada fagaareyaasha awoodeed iyo ganacsi ee
xeebaha Berri-Soomaal ammin ku siman soddoneeyo gu',
oo uu ka dhex shaqaynayay mid ka mid ah bulshooyinka
arlada ugu kacdoonka badan, iyo dhinaca kale sidii uu
guulo la taaban karo uga gaadhay.

Maxaa laga baran karnaa Sooyaalka Xaaji Sharma'arke?

Casharrada ugu mudan ee laga baran karo nolosha iyo waxqabadkii Xaajiga waxa ka mid ah:

1. In uu isku dayay in uu jirsiiyo maamul aan reer ama qabiil ku dhisnayn. Mana uu ahayn nin reernimadu ku weyn tahay, tusaale ahaan, maamulkiisii Saylac waxa laga dhex helayay jinsiyado kala duwan sida Somaali, Carab, Yuhuud, Xabashi, Canfar, Hereriyiin, Oromo, Hindi, Soodaan, Iiraaniyiin, biddeyaal iyo qaar kaleba. Isku deyadaas uu Xaajigu soo bilaabay in ku dhow laba qarni, ee uu dhidibbada ugu taagay habmaamul ay ka dhex muuqdaan isirro kala duwani, oo howlgelinta xubnahooda ay u badan tahay in loogu xishay aqoontooda iyo kartidooda, waxa maanta ka soo soko maray in loo digarogto habdhaqan kobcinaya maamullo ku wareego xayndaabka beelaha.

2. Go'aanqaadasha siyaasadeed iyo sida uu qof hoggaaminteeda u hanto, waxa jira dhowr aragtiyood oo caalami ah oo astaan u noqon kara hoggaamiyeyaasha, waxana ay kala yihiin: *the Rational Actor, the Political Actor, the Elitist Actor, the Organizational Actor, and the Idiosyncratic Actor*. Halkan fakaag uma haynno in aynnu ku faahfaahinno dhammaan aragtiyahaas, se waxa aynnu ka soo qaadanayaa laba aragtiyood oo la odhon karo Xaajigu wax buu ka watay.

Midda hore waa: *"The Rational Actor"* oo ah in hoggaamiyuhu uu xoogga saaro "maangalnimada ku salaysan sababta iyo saamaynta", taas oo ah in qofku wax walba u dhabbo galo, asteeya dhibaatada hor taagan, qorshaysto tallaabooyinkii uu ka maarayn lahaa, rogrogo, isla markaana hubiyo dhoorashooyin kale in ay jiri karaan (haddii uu mid shaqayn waayo), ka baaraan dega saamayntu waxa ay noqon doonto, ugu dambaynna qaata go'aan.

Midka kalena waa: *"The Elitist Actor"* oo ah in marka hore hoggaamiyuhu ka mid yahay dadka wax la bido sida aqoon, hanti, raadayn, iwm. Waxana uu awoodda hoggaamineed u adeegsadaa in uu ku ilaashado danahiisa. Arrinka maanta ka jira dalal badan oo aynnu ka mid nahay waxa weeye in dad maalqabeen ahi la shurkaan madax ama dad xilraadis ah oo ay hantidooda ku badhi taaraan si ay kaddib ugu ilaashadaan danahooda dhaqaale/ganacsi iyo awoodeed. Haddaba Xaajigu oo xilligaas hanti badan lahaa (sida uu ku tilmaamay Charles Johnston oo 1840kii Berbera ku soo maray; iyo weliba Kabtan Moresby (1840kii), sida aynnu meel hore ugu soo sheegay), waxa uu awoodda maamul oo uu hanto u arkayay in ay dan u tahay jiritaanka ganacsigiisa. Waxana halkan innooga iftiimi kara sababta uu Saylac u qabsaday in ay tahay in uu ganacsigiisa u helo marin uu u madax bannaan yahay. Waxa se uu kaga duwanaa maamuleyaal badan oo jaadkiisa oo kale in ay iyagu jeebab madhan xafiiska la yimaaddeen oo awooddoodu ku tiirsanaato cid kale.

3. Waxa la odhon karaa in maamulkii Xaaji Sharma'arke uu siyaabaha qaar waddada ugu sii xaadhay Maamulkii

Ingiriis ee Somaliland. Kol haddii mararka qaar uu ugu
jiray kaalin abbaanimo. Sida aynnu soo sheegnayna,
heshiisyadii 'saaxiibtinnimo' ee beelaha qaarkood iyo
Ingiriiska, waxa uu ka qayb qaatay gorgortankii iyo
go'aanqaadashadii dhinacyadaba.[111]

Isku deyadaas uu Xaajigu ku kacey in ku dhow laba qarni ka
hor, ee uu dhidibbada ugu taagay habmaamul lagu dhererin
karo ama ka la odhon karo waa ka roonaa qaar ka mid ah
maamulladii gobolka ka jiray, isla markaana howl galay ammin
ku siman labaatan gu', kana dhex muuqdeen isirro kala
duwani (haddii ay tahay raciyad iyo shaqaaleba), waxa aan si
xooggan u rumaysnahay in ay mudan tahay in taariikhdaas la
daraaseeyo.

---

[111] Waxa jiray heshiis ay wada galeen Kaptan J.J. Gordon Bremer, oo
Ingiriiska metelayay, iyo dhinaca kale odayaashii beelihii Berbera
Gacanta ku hayay, 6dii Feebaweri, 1827. Heshiiskaas waxa ka dhex
muuqda Xaaji Sharma'arke oo gorgortan ka galay go'aamada lagu
heshiiyay, isla markaana markhaati ka ahaa. (eeg lifaaq 2).

12

Qodob ku Saabsan Abbaannimada

Abbaansi, abbaannimo ama abbaanin waa habdhaqan soojireen ah oo boqollaal gu' iyo in ka badanba Soomaalidu ku dhaqmi jirtay, isla markaana fududayn jiray isu socodka beelaha, dadka iyo ganacsiga. Habdhaqankani waxa uu falcelin u ahaa gedda (dabciga) kakan ee Soomaalida lagu yaqaanno ee ku suntan dirirbadnaanta iyo damacbadnaanta. "Abbaan" waxa uu u taagnaan jiray qof ilaaliya danaha ganacsi (iyo kuwo kale) ee qof kale (badiba qof waageeni ah), inta uu kan dambe ka dhex ganacsanayo, ama ka dhex gudbayo degaanka reerka uu ka soo jeedo abbaanku. Ereyga 'abbaan' waxa lidkiisa ah 'singal' (sin+gal), oo looga jeedo qof mid kale sintiisa ku jira, ama magan u ah. Ereyga 'abbaan' waxa uu u dhigan yahay 'wakiil'; waxana laga yaabaa in uu eraygan dambe (wakiil) meeshiisii buuxiyay. Abbaanku waxa uu u xil saarnaa in uu hubiyo in aan lagu xad gudbin qofka uu abbaanka u yahay – xadgudubkaas oo noqon kara in xoolihiisa la dhaco, ama la dilo ba. Adeeggaas waxa ay cidda abbaanka loo yahay dhaafsan jireen dheef – ha noqoto lacag ama wax u dhigma e. Haddii ay dhacdo in jawrfal lagula kaco qofka abbaanka loo yahay, waxa uu abbaanku falkaas oo kale u aqoonsanaan jiray mid beeshiisa lagu sameeyay, waxana uu hubin jiray in uu ka goosto cidda falkaas ku kacday ama beesha uu ka soo jeedo.

Ereyga abbaan waxa uu xidhiidh la leeyahay ereyo kale oo laga dhex heli karo Af Soomaaliga iyo Afka Oromada. Tusaale ahaan waxa jira "Abbaana" [wakiil] iyo sidoo kale "Abbaan Duulle" oo dhiggiisa Af Oromo yahay *"Abbaa Dulla"*, oo labadooduba u taagan yihiin 'hoggaamiyaha ugu sarreeya ee ciidamada'. Si la mid ah taas, waxa Af Oromada ku jira ereyga 'Abbaa Buko", oo isna loo yaqaan 'hoggaamiyihii ruuxiga ahaa' ee weliba u xil saarnaa daaweeynta dadka buka. Markaa, si la mid ah, waa dhici kartaa in ereyga 'Abbaan' ka soo jeedo 'Abbaan Ganacsi' oo la soo gaabiyay.

Abbaansigu waxa uu ahaa, isla markaana yahay, habdhaqan ay dantu bartay Soomaalidu in ay ku maareeyaan nabadgelyada ganacsigooda iyo weliba ciddii cid kale abbaansanaysaba. Nidaamkani waxa uu noqday mid laga digarogtay oo shiikhay xilliyadii ay xoogganayd dawladdii dhexe ee Soomaalidu – kolkaas oo ay jirtay kala dambayn iyo xeer loo sameeyay in lagu sugo qof kasta (siiba dadka waageeniga ah) nabadgelyadiisa iyo hantidiisaba. Ha yeeshee kol Alle marka ay kala dambaynta dawladeed wiiqanto, waxa la arkaa in Soomaalidu hawl geliso wixii hore ee shaqayn jiray oo uu ka mid yahay Abbaanisigu.

Dib-u-adeegsiga abbaansigu, waayadan dambe ee ay xasillooni darradu barriinsatay Soomaalida, waxa aynnu tusaale ugu soo qaadan karnaa, gaadiidka waaweyn ee xilliyada qaar isaga dhex gooshi jiray Hargeysa iyo Muqdisho, ama meelo kale, tii oo laga yaabo in ugu yaraan saddex (3) wade (darawal) isu beddelaan inta gaadhigu ku sii jiro jidka. Taasina waxa ay u dhigan tahay in wade waliba uu shukaanta la wareegayo marka uu degaanka uu u dhashay gaadhigu gaadho.

Habdhaqanka kakan iyo dirirbadnaanta lagu yaqaanno Soomaalida ayaa aan ka dhigin wax fudud in cidayow kale soo dhex galaan iyaga. Taas daayoo, waxaaba ay kala hor tegi jireen colaadin iyo waageeni nacayb. In Soomaalida si fudud looga dhex ganacsadaa ma ay ahayn arrin fudud. Dirir-badanaanta Soomaalida waxa sheegay Buzurg ibn Shahriyar (930 MKD), oo ahaa naakhuude Iiraani ah, isla markaana ahaa qoraagii buuggii *Cajaa'ib-al-Hind*. Waxa uu yidhi ".. xeebta Berbera (Soomaalida) halis badan ayaa ku sugnayd, maxaa yeelay, dadka deggan ayaa dhufaani jiray (xiniinyaha ka saari jiray) dadka waageeniga (ajnebiga) ah ee u gacan gala."[112]

Waxa kale oo uu Buzrug qoray in badda Gacanka Berbera ahayd ta ugu halista badan badaha, keliya ma ay ahayn marka ay kacsan tahay, se libaaxbadeedyada iyo nibiryada ku jira oo qaarkood dherer le'eg yihiin konton dhudhun, oo markaakiibta dhinacyada ka raaci jiray, iyo weliba kalluun u ekaa dadka. Waxana uu buuggaas kaga war bixiyay markabuu nibiri ku dalooliyay meel u dhow Saylac. Se badhmaaxiinta ku gooshi jirtay badda, in markaakiibtoodu la degto waxa uga sii cabsi badnayd haddii ay u gacan galaan reer Berbera.[113]

Qoraal Shiinees ah oo uu dhigay Tu-Yang-tsa-tsu (dhintay 863 MKD) oo uu kaga warramay xeebta waqooyiga carriga Soomaalida, kaas oo muujinaya in aanay ahaan jirin arrin fudud in cid shisheeye ahi Soomaalida ka dhex ganacsato, waxa ku jiray warkiisa:

---

[112] Qoraaga Ibraahin Cali ayaa soo xigtay erayadan kuna qoray buuggiisa <u>The Origin and History of the Somali People</u>.
[113] Suhanna Shafiq, <u>PhD dissertation on The Maritime Culture in Kitab Al Aja'ib Al Hind (The Book of the Marvels of India) by Buzrug ibn Shahriyar (d. 399/1009),</u> bogga 41

"If Persian (Po-ssi) merchants wish to go into the country, they collect around them several thousand men and present them with strips of clothes. All, whether old or yound draw blood and swear an oath, and then only do they trade their products." [114]

[.....Haddii ganacsatada Iiraaniyiinta ahi doonaan in ay galaan carriga Soomaaliyeed, waxa ay soo shirin jireen dhowr kun oo qof (oo Soomaali ah), waxana ay u qaybin jireen jeexjeexyo maryo ah. Ka dibna, dhammaantood (Soomaalidu), yar iyo weynba, jidhkooda ayay turqi jireen, iskana keeni jireen dhiig. Markaasna waa ay dhaaran jireen.]

Hadalkan sare waxa uu u dhacayaa in ganacsatada Iiraaniyiinta ahi aanay ku dhiiran jirin in ay ganacsigooda u soo bandhigaan Soomaalida, isla markaana aanay heli jirin kalsooni iyo degganaansho maan, ilaa ay Soomaalidu dhaartooda ku xoojiyaan dhiig ay daadshaan! Liidadka marada ahina waxa ay u dhignayd in ballankaasi guntamay, oo aan loo baahnayn in la jebiyo!

Si la mid ah, Yaquut Al-Xamawi (1179–1229), juquraafiyahankii iyo qoraagii buuggii Mucjam-al-Buldaan, ayaa sil la mid ah habdhaqankan wax ka qoray, talona ku bixiyay in cidda rabta in ay Soomaalida la ganacsataa ay hesho cid u abbaan ah oo u maamusha danahooda.[115] Ibn Badduuda ayaa isna marsada Muqdisho ku arkay dhaqankan oo kale.[116]

---

[114] Abdirahman Ali Hersi, the Arab Factor in Somali History, boggaga 151-152.

[115] Mlm. Abdirahman Ali Hersi oo xiganaya Yaqut, Mucjam-al-Buldaan, IV, bogga 602).

[116] Mlm. Bogga 102.

Richard Burton oo faahfaahin ka bixiyay shaqada abbaanka ayaa sidan qoray:

"The Abban acts as once broker, escort, agent, and interpreter, and the institution may be considered the earliest form of transition dues. In all sales, he receives certain percentage, his food and lodgding are provided at the expense of his employer, and he not unfrequently exacts small presents from his kindered. In return, he is bound to arrange all differences, and even to fight the battles of his clients against his fellow-countrymen. She the Abban be slain, his tribe is bound to take up the cause and to make good the losses of their protégé."[117]

[...Abbaanku mar waa dillaal, mar waa garab iyo gaashaan, mar waa wakiil, mar waa afhayeen iyo hal-tebiye, habdhaqanka abbaannimaduna waxa uu ka mid yahay qaababkii ugu horreeyay ee xuquuqda ganacsi iyo dhexmar lagu sugo. Wax kasta oo la iibiyo waxa uu ku leeyahay qoondo (saami) boqolley ah, cuntadiisa iyo hoygiisa waxa bixiya qofka shaqo geliya (ama loo abbaan yahay)........ Taa beddelkeed, waxa looga baahanyahay in uu maareeyo is-maan-dhaafyada dhammaantood, una dagaallamo singalkiisa (qofka uu abbaanka u yahay). Haddii singalka la dilo, abbaanku reerka uu ka dhashay ayaa xil ka saaran yahay in ay soo bedaan khasaarihii.]

Burton oo faahfaahin ka bixiyay abbaannimada iyo habdhaqan ka jiray Berbera, waxa uu sheegay in marka markab ama doontu ay barroosinka tuurato, ama ay soo gaadho raasiga, ayaa la arkaa koox Soomaali ah oo u sii yaacaysa dhinaca raasiga. Ka dibna waxa ay u dabbaashaan dhinacii markabka/doonta; kolkaasna ka ugu horreeya ee korka uga

---

[117] Burton, First Footsteps, bogga 89.

baxa, ayaa weyddiiya haddii ay jiraan cid abbaan ah oo doonta kaga horreeya Berbera; haddaba haddii aanu jirin cid abbaan ah oo ballan hore u xidhnaa, waxa uu qofkaasi taaban jiray Naakhuudaha ama mid ka mid ah badmaaxiinta, waxana uu isu aqoonsan jiray abbaankii doonta/markabka. (Burton: First Footsteps, bogga 2:79_)

Si la mid ah, Frederich Forbes oo Berbera booqasho ku yimid 1833kii ayaa wax ka qoray habdhaqanka abbaannada oo la mid ah ka sare.[118]

Sooyaalkaas soo taxnaa ammintaas dheer, waxa carriga Soomaaliyeed soo booqan jiray ama wax ka qoray socdaalyahanno iyo taariikhyahanno kala duwan. Waxana ka mid ahaa kuwii hore, Strabo (Dhintay 24 MKD) iyo Agatharcides (noolaa laba qarni ka hor taariikhda Masiixiga). Faahfaahinta ay ka bixiyeenna dabciga dadkii ay kula kulmeen xeebaheenna iyo Soomaalida maanta joogtaa aad bey isugu dhow yihiin.

---

[118] The Visit of Frederick Forbes to the Somali Coast in 1833, edited by Roy Bridges, The International Journal of African Historical Studies, Vol. 19, No. 4 (1986), pp. 679-691 Boston University African Studies Centre.

13

Faahfaahin: Qaar ka mid ah Magaalo-xeebeeyada

Berbera

Ahaanshiiyaha ay magaalada Berbera ahayd, xilliyo aad u durugsan, marsada ugu magaca weyn xeebta dheer ee carriga Soomaaliyeed waxa door muhiim ah ka ciyaaray Raasiga dabiiciga ah ee Berbera, mana jiro ku kale oo la mid ah oo ku yaal xeebaha Carriga Soomaaliyeed. Raasigan oo uu dhererkiisu dhan yahay 3.2 km ayaa ka dhigay goobta ugu habboon ee doonyihii iyo maraakiibtii hore ku soo xidhan jireen ama barroosinka dhigan karaan.

Sida la isla aqoonsanyahay, Magaca Berbera waxa uu markii ugu horreeysay ku soo baxay qoraalka caanka ah, *The Periplus of the Erythraean Sea*[119] oo loo yaqaan inuu ahaa qoraalkii ugu horreeyay ee ka warrama magaaladaas inta sooyaalka qoraal lagu hayo. Dhulka Soomaalidu degtana waxa la odhon jiray Arladii Berberoi *(the Land of Berberoi)*. Waana kan warka ku saabsan Berbera ee qoraalkaas ku qorani:

> Marka la dhaafo Saylac, waxa la gaadhayaa magaalo-sayladeed kale, taas oo ka roon tii hore, waxana ay u jirtaa 800 oo *stadia*. Meesha barroosinka la dhigtaana waa qoorri furan oo raasi dhinaca bari kaga yaallaa uu maayadda xooggeeda ka ilaaliyo

---

[119] Buugga <u>The Periplus of the Erythrean Sea</u> oo ku qornaa Af Giriig waxa u dooriyay Af Ingiriisi Schoff, W.H. (1912).

(kana dhigo dugsi). Halkan dadka deggani waxoogaa ayay ka doobir iyo nabadjaceyl badan yihiin (kuwii hore). Waxa halkan loo soo dhoofshaa waxyaalaha aynnu hore u soo sheegnay, iyo maryo gacmo gaab ah oo jilbaha jooga, koodhadh la midabeeyay oo laga keenay Arsinoe,[120] koobab wax lagu cabbo, waxoogaa naxaas ah, bir, dhururi dahab iyo lacag (*silver*) ah, aan se badnayn. Waxyaalaha laga dhoofiyo meelahan waa malmal, beeyo (loo yaqaan "Far-side"), qorfe adag, *duaca*, *Indian copal* iyo *macir*, laga keenay Berri-Carab; iyo addoon – in kasta oo ay yar yihiin ama aaney joogto ahayn)".[121]

Magac-weynaanta ama Caannimada Berbera waxa ay ka dhigtay in dadka Soomaaliyeed, ka hor intii aanu soo shaac bixin magaca "Soomaali", in Soomaalida loo aqoonsanaado 'Reer Berbera'. Carabtuna dhulka Soomaalida waxa ay u yiqiineen "Bilad-al-Barbar". Dhinaca kale, sida maanta idaha ay Soomaalidu dhaqato ee madaxa madow adduunweynaha looga yaqaanno "*Berbera Blackhead Sheep*" ayaa gebi ahaan Soomaalidana loo yiqiinnay "Reer Berbera".

Waxa ku xusan aqoonbaadhis uu sameeyay H. S. Lewis, *the Origin of Galla and Somali*,[122] qoraal qarnigii 9[aad] uu dejiyay nin badmareen Shiinees ah oo la odhan jiray Tuan Che'eng-shih in dadka reer *Po-pa-li* (oo inta badan taariikhyahannadu magacaas ku sheegaan Berbera) aanay badarka quudannin (cunin) balse cunaan hilibka; inta badanna lo'da xididdada dhuunta ka turqaan, ka dibna dhiigga caanaha ku darsadaan. Dadkaasi

---

[120] *Arisnoe* = waa magaalo ku oolli jirtay xeebta Masar ee Badda Cas
[121] Cutubka 9[aad] ee the Peripuls of the Erythrean Sea.
[122] H. S. Lewis, <u>The Origin of the Galla and Somali</u>, The Journal of African History, Vol 7, No. 1 (1966). Pp.27-46

maryo ma xi<u>dh</u>aan, ha yeeshee waxa ay dhexda ku martaan hargo.[123]

Qoraalkan hoose oo uu qoray lafdhan Cruttenden (1848) ayaa waxa uu si faahfaahsan oo farshaxannimo ku dheehan tahay uga warramayaa ganacsigii Berbera ka socon jiray iyo sida ay is beddelka xilliyadu u saameeyn jireen ganacsiga. Waxa kale oo uu wax ka tibaaxayaa gedda (dabciga) dadka Soomaaliyeed, oo ay ugu mudan tahay dirirbadnaantu:

Laga bilaabo bisha Abril ilaa bilowga Oktoobar, meesha (Berbera) waa laga hulleelaa... ha yeeshee isla markiiba marka uu xilligu is-dooriyo, ayay reeraha (qolooyinka) gudaha dalka ku nooli ay xeebta u soo dhaadhacaan, aqalladoodiina qotomiyaan iyaga oo u diyaar-garoobaya ganacsatada iman doonta. Durbadiiba doonyo yar yar oo raba in ay ka soo hor maraan, kana hororsadaan iibsiga hore, ka hor inta aanay imanin doonyaha Khaliijku ee ka soo shiraacda Masqad, Suur iyo Raas Al-khaymah, oo ay daba cidhbinayaan walaalahood oo ka yimaadda Baxrayn, Basra iyo Kuwayd – kuwaas oo si culus u raran oo ku raran ganacsi qiimo badan. Ugu dambaynna, waxa soo gaadha doonyaha baaxadda weyn leh ee hantida faraha badan ku raran ee Baaniyaallada ee ka soo shiraacday Boori-bunder, Mandavie iyo Bumbay...

Waxa uu sii yidhi:

Marka uu ban-dhiggani iyo kala-iibsigu heerka ugu sarreeya marayo, Berbera waxa lagu maseeyaa Babel[124]... ninna nin kama sarreeyo, wixii xeer ganacsi ee hore loo dhigtay uun baa

---

[123] Mlm (ibid)
[124] Babel = Babylon. Magaalo caan ahayd oo ku oolli jirtay dhulkii la odhon jiray Mesopetamia oo ah dhulka maanta Ciraaq loo yaqaan.

jidaysan. Ismaandhaafka iyo dirirta qabaa'ilku maalin walba waa ay dhacaan, waxaana lagu dhammeeyaa waran caaradii iyo toorray (ablay); kuwa dirirayaa waxa ay isla tagaan badda xeelligeeda oo aan ka fogayn magaalada, si aanay u carsha-carshayn ganacsiga. Awr xidhiidhsan oo tiro badan ayaa maalin iyo habeen galaa-baxda (soo gala, baxana), oo badi ay dumar keliyi magaalada ka saaraan; mararka qaarkoodna waxa la arkaa xidhiidh ama sunsun addoomo ah oo ay hor kacayaan carruur cawl-cawllan oo daallan oo laga keenay Herer iyo Ifat. Berberana waxa ku kulma ganacsatada addoomaha ee Guraagta (Uraagta) iyo Hereriyiinta iyo dhiggooda ganacsatada ah ee ka yimid Basra, Baqdaad iyo Bander Cabbaas…

Waxa uu sii yidhi:

Marka uu ban-dhiggu dhammaado bisha Maaraj daba-yaaqadeeda, doonyahii baa ka shiraacda Berbera iyaga oo raabo-raabo isu raaca, una jeesta dalalkoodii. Doonyaha Suur u socda ayaa ugu dambeed dhaqaaqa. Markaasna, toddobaadka bisha Abril u hoorreeya, Berbera mar kale ayaa la cidleeyaa; kumana hadhaan wax muujin kara in ay dhowaan degganaayeen 20,000 oo qof - oo aan dhaafsiisnayn lafo geel iyo adhi; iyo waxoogaa aqallo-Soomaali oo si fiican loo rabaaliyay, oo lala beegsanaayo xilliga ganacsi ee kalka ku xiga.[125]

Ganacsiga jaadkan oo kale ahi waxa uu la jaan qaadsan yahay magaca magaalada Berbera oo dadka qaar ku tilmaamaan 'beriberi' oo looga jeedo in dadku xillixilli gaadhi jireen – taas oo ku xidhan cimilada iyo is gedgeddiga dabaylaha.

---

[125] Lt. Cruttenden, *the Edoor Tribes and the Darood*

Waxa kale oo wax ka qoray Berbera nin ka mid ahaa ciidamadii Ingiriiska ee fadhigoodu ahaa Hindiya, oo sahamin ku sameeyay Berbera 1836kii. Lieutenant (Lafdhan) R. Ethersey, waxa uu sheegay in Berbera ka koobnayd urur guryo aqallo-Soomaali ah oo dhererkoodu 6 ilaa 7 fuud (ilaa 2 mitir) yihiin, lagana sameeyay qoryo lagu deday cawsas iyo saamo, oo aan waaweynayn; se ay jireen qaar ka ballaadhan kuwaas hore oo qolal loo kala gooyay. Waxa uu sheegay in kuwan dambe ay u hoyan jireen Baaniyaalladu,Naakhuudeyaasha, iyo madaxdhaqameedku, marka lagu gudo jiro xilli-ganacsiga. Waxa kale oo uu sheegay in buulasha ama aqallada ugu horreeya la dhiso bisha Noofambar, ama marka ugu horraysa ee ay kolanyada safarrada ahi soo gaadhaan magaalada, waxana dib loo furfuraa, ama loo rabaaliyaa marka uu ganacsigu xidhmo, bisha May, kolkaas oo alaabooyinka ganacsi badidooda la kala qaato; maxaa yeelay, nafley ku hadhaa Berbera ma jirto marka ay bilaabanto dabayl-xagaaga oo wadata hanfi, si daranna u dhacda bilaha Juun, Julaay, iyo qayb ka mid ah Ogost.[126] Sida uu sheegay Ethersey, xilligaas waxyaabaha Berbera laga dhoofin jiray waxa ka mid ahaa subag, bun, xabko, dahab ciid ah (*gold dust*), foolka wiyisha, foolka maroodiga, addoomo, baalgoray, hargo, saamo, iyo adhi. Waxyaabaha ganacsi ahaan loo keeno Berberana waxa ka mid ahaa maryo cudbi ah (caddaan iyo cir-u-eke), sonkor, bariis, bir, maar, timir, qalab dumarku xidhaan iwm.[127]

---

[126] Lieutenant R. Ethersey, <u>Information on the Town of Burburra, Situated on the East Coast of Africa</u>. (1836)
[127]

Sida aynnu kor ku soo xusnay, ganacsigii aadka u baaxadda weynaa ee Berbera ka socon jiray, waxa uu dhaliyay in danaha macaashka badan ee magaaladaas ka jiray in goor walba lagu dirirtamo.

Qalalaasaha soo maray Berbera waxa ka mid ahaa in ay u ban dhiganto werwer iyo gubid ay ku kaceen xoogaggii Boorataqiiska ahaa (1518kii), iyaga oo ciidankaasi, si la mid ah, dab soo qabadsiiyeen Saylac (1516kii) iyo magaalooyin kale oo ku yiil xeebta koonfureed ee Soomaaliya.

Bullaxaar

Marka la barbar dhigo Saylac iyo Berbera, magaala-xeebeedka Bullaxaar ma ah mid sidooda u fac weyn. Qoraagii *the Periplus of the Erythraean Sea* ee xeebta Soomaaliyeed maray qarnigii 1[aad] MKD, kuma uu xusin qoraalkiisa magaaladaas, si la mid ah sida uu u xusay magaala-xeebeedyada kale ee ku teedsan carriga Soomaalida. Ereyga Bullaxaar waxa uu ka kooban yahay laba (Bullo + Xaar). Dhowrka micne ee ereyga 'Bullo' waxa ka mid ah 'goob biyaha lagaga gaadho joog aan durugsanayn, isla markaana aysan biyuhu ka idlaan'. Ceelka ama ceelasha Bullaxaar oo ku yaal badda xeelligeeda ayaa tan iyo ammin aad u fog xooladhaqatadu xoolahooda u doorbidi jireen in ay ka cabsiiyaan. Haddaba, tirabadnaanta xoolaha ka cabbi jiray iyo saalada ay kaga tagaan awgeed ayaa laga yaabaa in ereyga 'Xaar' uu tilmaan u yahay. Sidoo kale, kol haddii ay goobtaasi ahayd bar biyo joogto ah leh, isla markaana dhinaceeda koonfureed uu kaga beegan yahay jid caan ah oo u baxa dhulka Oogada, waa suuragal in degsiimo koobani

xilliyada qaar ka jiri jiray.   Ha yeeshee soo shaac baxa
magaalada Bullaxaar waxa uu bilaabmay   1846kii, ka dib
xurguftii dhex martay labadii reer ee Soomaaliyeed ee Berbera
gacanta ku hayn jiray, kolkaas oo qoladii laga gacan sarreeyay
ay ganacsigoodii u wareejiyeen Bullaxaar. Ha yeeshee, ma ay
noqon karaynin mid sinaba tartan ula geli karta Berbera –
marka la eego Raasigeeda oo ah hanti ma guuraan ah oo
Berbera u soo jiidi jirtay doonyaha iyo maraakiibta.

Sida uu qoray Drake Brochmann, ka hor imaatinkii Masaaridii
(ama Turkigii – sida ay Soomaalida badankeedu u yaqaanniin),
oo ku beegnaa bilowgii 1870aadkii, waxa keliya ee Bullaxaar ka
jiray waxa ay ahaayeen cooshado. Intii ay joogeen Masaaridu
waxa ay ka dhiseen goobtaas guryo dhowr ah, oo mid ka mid
ah korkiisa laga dul dhisay noobiyad. Dhismeyaasha kale waxa
ka mid ahaa gurigii Furdadda (canshuuraha), iyo dhowr guri
oo kale oo ay Masaaridu degi jirtay. In ay doonyuhu ku soo
caashaqdaan (xidhaan) Bullaxaar waxa ay ahayd mid dhib
badan lagala kulmo. Doonyuhu waxa ay xeebta u jirsan jireen
fogaan aan ka badnayn mayl badhkii. Alaabooyinkana waxa
lagu daabbuli jiray huudhiyo si xeebta loogu soo dhoweeyo. Ka
dibna waxa lagu guri jiray weel qori ka samaysan oo sidii
sanduuq oo kale loo sameeyay; sida naxashkana lahaa afar
meelood oo la qabto, kaasoo afar qof ay qaadi jireen.

Dhinaca   kale,   degelbaadhis   ay   sameeyeen   koox
degelbaadheyaal Isbaanish ah (2016), waxa ay muujinaysaa in
Bullaxaar uu ka jiray degitaan rasmi ah oo ka horreeyay kan
Masaarida. Waxana ay ku tilmaameen in dhismeyaasha laga
sameeyay dhagax-shacaabiga ahi qaarkood taariikhdooda dib
loogu celin karo inta u dhexaysay qarniyadii lix iyo tobnaad

iyo bilowgii kii sagaal iyo tobnaad. [128] Kooxdan oo ka war bixisay baaxadda ay magaaladu le'ekayd ammintii ay ugu dhaqdhaqaaqa badnayd, laga so bilaabo imaatinkii Masaarida, iyo ka hor intii aysan hoos u dhicin, sidan ayaa ay qoreen:

"Its impressive ruins cover around 150 hectares, with a central core of dense construction of about 60 hectares (Figure 8). The buildings are mostly Ottoman, although there are also several Turco-Egyptian structures: with Berbera, the place was occupied by the Egyptians in 1870 (Turton 1970: 358). At that time, it is described as —the greatest marketplace of the country by a German traveler (Haggenmacher 1876: 36)."[129]

[... Dhismeyaasheeda burbursani waxa ay daadsanyihiin hilaaddii 150 hektar, oo xudinteedu aad u cufan tahay, kuna fadhido 60 hektar: Dhismeyaasha badidoodu waa qaabdhiskii Cusmaaniyiinta, in kasta oo ay ku dhex jiraan qaar kasoo jeedaa Turki-Masaari. Si la mid ah Berbera, waxa ay Masaaridu qabsadeen 1870kii (Turton 1970: 358). Xilligaas, nin Jarmal ah ayaa ku tilmaamay in ay ahayd sayladda ugu weyn ee dalka ku taal (Haggenmacher 1876:36)."

---

[128] Alfredo González-Ruibal, Merchants, nomads and town-dwellers: Exploring long distance trade in Somaliland (1000-1900 AD)

[129] Mlm, bogga 9.

14

Ka-ganacsigii Dadka iyo Xeebaha Soomaaliyeed

Dhowr meelood oo buuggan ka mid ah waxa aan hore ugu soo tibaaxay arrimo ku saabsan addoonsiga. Haddaba kol haddii ay magaalaxeebeedyada Soomaaliyeed ahaan jireen xarumo laga dhoofiyo dad la soo qafaashay, isla markaana laga xayuubiyay madaxbannaanidoodii, waxa aan iftiimin yar ku samayn doonaa arrinkan aadka u xanuunka badan ee ka socday arlada inteeda badan.

Ganacsiga jaadkan oo kale ahi (in kasta oo uu beryahan dambe muuqaallo kale yeeshay), waxa uu ahaa mid aad ugu baahsan adduunweynaha. Tusaale ahaan, ammintii u dhexaysay qarniyadii 16aad iyo 18aad, ugu yaraan 18 milyan oo Afrikaan ah ayaa badda Atlaantigga laga gudbiyay si loogu addoonsado Qaaradaha Ameerika iyo dhulyarooyinka (jasaa'irka) Kareebiyanka.[130] Dhinaca kale, 17 Milyan oo Afrikaan ah ayaa addoonsi ahaan loogu iib geeyay Bariga dhex iyo Waqooyiga Afrika ammintii u dhexaysay qarniyadii 7aad ilaa 19aad MKD.[131]

Marsooyinka Saylac, Bullaxaar, Berbera iyo kuwa koonfurta carriga Soomaaliyeed ayaa ahaa qaar laga dhoofiyo dad ka soo jeeda Xabashi, Oromo, Uraag iyo isirro kale oo Afrikaan ah. Soomaalida laftarkoodu kama ay badbaadin iyada oo xeebaha mararka qaar ay dhici jirtay in laga qafaasho. Arrintan ayaa

---

[130] Encyclopedia Brittannica
[131] BBC News, Focus on Africa, Monday, 3 September, 2001.

Oromadii oo badidoodu haystay diino-dhaqaneedkoodii ku xambaartay ama ku sandullaysay in ay ka durkaan dhulka xeebaha kulaalaya ama u dhow, si ay uga nabad galaan qafaalashada. Taasina waxa ay door (fursad) siisay Soomaalidii xilligaas joogtay in ay dib ula soo noqdaan dhulkii ay Oromadu hore uga qabsadeen xilligii fiditaankoodii hore ee soo bilaabmay qarnigii 16aad.[132]

Major H. Rayne, badhasaabkii Saylac (1921), oo soo xiganaya Burton, ayaa buuggiisa *The Sun, Sand and Somals*, ku xusay sidan:

> Addoomaha Saylac laga dhoofiyo gu' kasta waxa ay gaadhayeen 600-1,000 qof oo loo dhoofin jiray Mukha, Xudayda iyo Jidda. Ka-ganacsigaas foosha xumi waa uu socday ilaa dabayaaqadii qarnigii 19[aad].

Lafdhan Cruttenden, oo Berbera ka warramaya (1848kii) waxa uu sheegay in addoon dhulka xabashida laga keenay laga dhoofinayay magaaladaas. Burton, lafahaantiisu, oo isna soo xigtay Ludovica deBartema[133] oo socdaal ku maray Saylac 1503kii ayaa sheegay in tiro badan oo gaalo ah oo ay Muslimiintu dagaalladii xilligaas ka dhexeeyay iyaga iyo

---

[132] Si inta ka faahfaahsan, Oromada iyo isla-fal-galkii Soomaalida waxa aan kaga hadlay buuggayga <u>Dirkii Sacmaallada</u> (2015, Bogga 103).

[133] Ludovica de Bartema: Socdaal yahan reer Ruum ah oo booqday Masar, Jasiiradda Carabta, gaadhayna Hindiya – isaga oo sii maray Saylac. Si la mid ah sidii Richard Burton yeelay oo kale ayuu isu eekaysiiyay qof Muslim ah, ka dibna u dhuuntay Makkah isaga oo raacay socoto xujaaj ah.

Kiristaanka lagu soo qafaalan jiray loona dhoofin jiray Beershiya (Iiraan), Yaman, Baabiloon (Ciraaq) iyo Makka."[134]

Dhaqanka addoonsi ee jaadkan oo kale ahi ee ka jiray Bariga Dhexe, waa ka soo gaadhsiiyay addoonsigu in uu sii jiro xilliyo aan sidaas u sii fogayn uun; waana tan ammintii laga joojiyay dalalkan ay ka mid yihiin: Qadar (1952), Sacuudi Carabiya (1962), Yaman (1962), Imaaraadka Carabta (1963), Cummaan (1970).

Guntii iyo gebagebadii, ilaa laga soo gaadhay qarnigii 19[aad], garaadka dadka oo aan u bislaanin joojinta ganacsigii caddaa ee aadamaha, ayaa ka dhigay in meelo badan oo arlada ah, oo ay ku jiraan xeebaha Soomaaliyeed, noqdaan goobo laga dhoofiyo dad la soo qafaashay si loo addoonsado. Haddaba in ganacsigaas laga dhigo lamataabtaan, in kasta oo uu siyaabo kale isu dooriyay oo ay dhif tahay in la arko maanta dad la soo joojiyo saylado, sida xoolahana loo kala fennedo, si la mid ah hab-dhaqankii foosha xumaa ee ay ku caan baxeen ururka Daacish, kulana kaceen shiicada iyo masiixiyiintii Suuriya iyo Ciraaq, waxa la dhihi karaa joojinta addoonsigu waxa uu ka mid yahay waxqabadyadii ugu qaayaha badnaa ee aadamuhu ku tallaabsaday intii uu soo jiray.

---

[134] Warkan Major H. Rayne ayaa buuggiisii *Sun, Sand and Somalis* (Bogga: 94-95) ku xusay sheeko uu ka maqlay kabtan Ingiriis ah oo naakhuude ka ahaan jiray Minawaar lagu toocsan jiray ama lagu qabqaban jiray doonyaha addoonsiga ee Badda Cas iyo Khaliijka Cadmeed iskaga dhex gooshi jiray. 'Minawaar' waa markab dagaal – asalahaan eraygu waxa uu ka soo jeeda "Man of War".

Tuse

Raadraac

Aitchison, C.U. A Collection of Treaties, Engagements and Sunnuds, Vols. VII and XIII, Calcutta, 1865

Alfredo González-Ruibal, *Merchants, nomads and town-dwellers: Exploring long distance trade in Somaliland* (1000-1900 AD)

Alpers, Edward A., The Somali Community at Aden in the Nineteenth Century, Northeast African Studies, 8 (1986)

Awale, Ahmed Ibrahim, *Dirkii Sacmaallada, (2012).*

Beke, Chalres T., The British Captives of Abyssinia, London, Lognmans (1867)

Boodhari Warsame, Sahankii Richard Burton ee Bariga Afrika – Tarjumad iyo Tifatir, Loox Press (2017), London

Colonial Office Records: Report on the Somaliland protectrate Constitutional Conference, London 1960.

Drake-Brockman, (Ralph Evelyn), British Somaliland, 1912, London.

Ethersey, Lieutenant R., Indian Navy, Information on the Town of Burburra, Situated on the Coast of Africa (1836), as reported in the Transaction of the Bomaby Geographical Society (1836-1838), po. 286-287

Ewald, Janet J., Crossers of the Sea: Slaves, Freedmen and Other Migrants in the Western Indian Ocean, cira 1750 - 1914

Harold G Marcus & Melvin E. Page, John Studdy Leigh: First Footsepts in East African?. Published by: Boston University African Studies Center

Hersi, Abdirahman Al the Arab Factor in Somali History. A dissertation submitted in partial fulfillment of the requirements for the degree PhD in History,University of California; 1977.

Hunter, F. M. (Frederick Mercer), An Account of the British Settlement of Aden in Arabia, Trubner and Company, London 1877.

Johnston, Charles, Travels in Southern Abbysinia through the Country of Adal to the Kingdom of Shoa, Vol. I, (1844)

Journal of the Royal Geographical Society of London , Vol. 12, No. (1842), pp. 221-238

Journal of African Historical Studies, Vol. 19, No. 4 (1986), pp. 679-691. Published by: Boston University African Studies Centre

Kirk, R. Report on the Route from Tajurra to Ankóbar, Travelled by the Mission to Shwá, under Charge of Captain W. C. Harris, Engineers, 1841 (Close of the Dry Season)

Kirkman, James, John Studdy Leigh in Somalia, The International Journal of African Historical Studies Vol. 8, No. 3 (1975), pp. 441-456

Mohamed, Abdisalam Yassin Without our Knowledge (1-4), Qaran News, 23rd November 2013.

_____, Historical Landmarks in Somaliland, Somalia, and Greater Somalia. Somaliland Today, News and Updates.

Mohamed, Jama, The Past and Present Society, Oxford, 2002.

Omer, Mohamed Osman, The Scramble in the Horn of Africa: History o f Somalia (1827-1977), Somali Publications, Mogadishu, 2001.

Roger, Joint Daguenet, La côte africaine du golfe d'Aden au milieu du XIXe siècle. In: Revue française d'histoire d'outremer, tome 79, n°294, 1er trimestre 1992. pp. 87-113;

The Journal Royal Geographical Society, London. 18th Volume, 1848.

Schoff, Wilfred H., The Periplus of the Erythraean Sea, ,1911.

Speke, J. H., What led to the Dicovery of the Source of the Nile? London (1864)

Suhanna Shafiq, PhD dissertation on *The Maritime Culture in Kitab Al Aja'ib Al Hind (The Book of the Marvels of India)* by Buzrug ibn Shahriyar (d. 399/1009),

The Visit of Frederick Forbes to the Somali Coast in 1833. Edited by Roy Bridges.

Transaction of the Bombay Geographical Society (1836-1838) **http://www.mocavo.com/Transactions-of-the-Bombay-Geographical-Society-1836-1838-Volume-1836-1838/879347/284#316**

William Cornwallis Harris, the Highlands of Ethiopia, (1844). P58, Gutenberg's Project.

Yasin, Mohammed Yasin: Regional Dynamics of Inter-ethnic Conflicts in the Horn of Africa: An Analysis of the Afar-Somali Conflict in Ethiopia and Djibouti (PhD dissertation (2010), Hamburg University).

Lifaaqyo

Lifaaq 1

Heshiiskii ay wada galeen Ingiriiska iyo odayaashii beeshii Berbera Gacanta ku haysay, 6dii Feebaweri, 1827 oo uu Xaaji Sharma'arke markhaati ka ahaa. (bogga xiga ka isla qoraalkan)

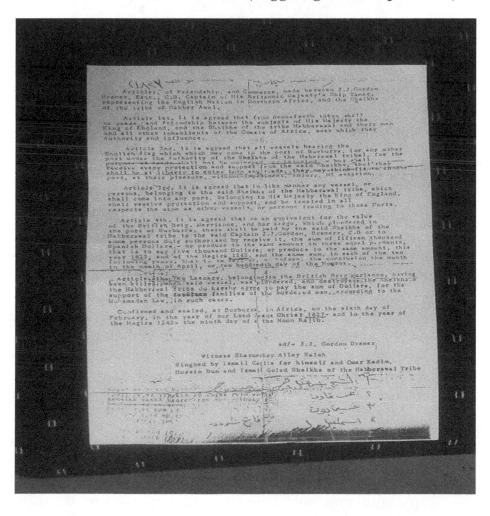

Waraaqda ku sawiran bogga 125 oo qoraalkeedii aan halkan ku muujiyay aniga oo sidii ay ugu qornayd dokumantiga magaciisu yahay "A Collection of Treaties, Engagements and Sunnuds, Vols. VII and XIII, Calcutta, 1865," ee uu isu geeyay Aitchison, C.U.

ARTICLES of friendship and commerce signed between J.J. Gordon Bremer, Esq., C.B., Captain of His Majesty's Ship Tamar, representing the English nation in Northern Africa, and the Sheikhs of the tribe of Habr Owul.

ARTICLE 1

It is agreed that from henceforth there shall be peace and friendship between the subjects of His Majesty the King of England and the Sheikhs of the Habr Owul tribe and their men, and all other inhabitants of the coast of Africa over which they have authority and influence.

ARTICLE 2

It is agreed that any vessels bearing the English flag which may come to the port of Berbera, (or any other port under the authority of the Sheikhs of the Habr Owul tribe,) for the purpose of trade shall not be molested or injured, but shall receive protection and support from the said Sheiks, that they shall be at liberty to enter into any trade they may think fit to chose, and that they shall be at liberty to depart from the said port at their pleasure without impediment, injury, or molestation.

ARTICLE 3

It is agreed that in like manner any vessels or persons belonging to the said Sheiks of Habr Owul tribe which shall come into any port belonging to His Majesty the King of England shall receive protection and support, and be treated in all respects the same as other vessels or persons trading to those ports.

ARTICLE 4

It is agreed that as an equivalent for the value of the British Brig Marianne and her cargo, which was plundered in the port of Berbera, these shall be paid by the said Sheikhs of the Habr Owul tribe to the said Captain J.J. Gordon Bremer, C.B., or to some person duly authorized by him to receive it, the sum fifteen thousand Spanish Dollars, or produce to the same amount, in three equal payments, that is to say, five thousand Dollars, or produce to that amount, this year 1827 and of the Hegira 1242, and the same sum in each of the two following years, that is to say, on or before the conclusion of the trading season in the month of April, or two hundredth day of the Nowroz.

ARTICLE 5

Two Lascars belonging to the British Brig Marianne having been killed when the said vessel was plundered and destroyed, the Sheikhs of the Habr Owul tribe do hereby agree to pay the sum of dollars [135] for the support of the families of the murdered men, according to the Mohamedan law in such cases.

Confirmed and sealed at Berbera, in Africa, on the 6th day of February in the year of our Lord Jesus Christ 1827 and of the Hegira 1242, the 9th day of the moon Rujub (Rajab).

(Signed) J.J.

Gordon Bremer, M.E. Bagnold, Pol. Agent, Witness.

---

[135] Warqadda kuma qorna inta lacag ah ee magdhow ah ee reeraha labada askari ee geeriyooday la siinayo – marka laga tago magdhowga guud oo dhan 15,000 oo doollarka Isbaanishka ah.

Witness:

Shurmarkay Ali Sauleh.

(Signed) by:

Ismail Gella for himself, and Omar Kadim Hussin Ban[136] and Ismail Goled, Sheikhs of Habr Owul tribe.

Approved by the Bombay Government on 10th May 1827.

(Il-wareed: Aitchison's Treaties, Engagements, and Sunnuds, Vol. VII, pp. 320-321-Calcutta, 1865. Sunnuds, Vol. VII, pp. 320-321-Calcutta, 1865.)

---

[136] Sheekh Ismaaciil Geelle, Cumar Qaadin, Xuseen Boon, iyo Ismaaciil Guuleed.

Lifaaq 2

(Heshiiskii dhex maray Suldaanka Tojorra iyo Dawladda Ingiriiska (1840kii)

Heshiiskani waxa laga dhex arki karaa in uu Xaaji Sharma'arke goobjoog ahaa isla markaana uu markhaati ka ahaa qodobbada lagu heshiiyay.

Treaty between the Sultan of Tajourra and British Government, 1840

In 1839, after the capture of Aden, the British deemed it necessary to secure command of the harbours of Zaila and Tajourra on the coast of Africa, nearly opposite to Aden. Tajourra was a dependency of Zaila, and both places were subject to the Imams of San'a, but during the revolutions at San'a, the Chiefs of Zaila and Tajourra had assumed independence.

Following Treaty was signed between the British Government and the Chief of Tajourra:

Commercial Treaty entered into between Sultan Mahomed bin Mohummed, of Tajourra, and Captain Robert Moresby, of the Indian Navy, on the part of the Honourable East India Company. It being advantageous to both parties to enter into a Treaty of Peace and Commerce, and that a mutual good understanding should exist between each other, more especially so, since Aden has become a British port, we, Sultan Mahomed bin Mohummed and Captain Robert Moresby, of the Indian Navy, (being fully authorized so to do,) agree to the following capitulations and articles:

ARTICLE 1

That friendship and peace shall be lasting between the State of Tajowra and its dependencies and the British Government.

ARTICLE 2

That the English nation, and all vessels lawfully sailing under the British flag, having merchandise of any description on board, shall be respected and permitted, without slightest prejudice or molestation to their persons or effects, to enter and trade in the port of, and all ports under the Government of Tajowra,, paying a duty of five per cent. upon all produce. The subjects of the Sultan of Tajowra shall also be permitted the same privileges at all British ports.

ARTICLE 3

The port of Tajowra and the adjacent ports, under the Government of Sultan Mahomed bin Mohummed, are to be open for the introduction and reception of all goods brought in ships or vessels lawfully trading under the British flag; further, the Sultan of Tajowra will endeavour all in his power to introduce British produce into the interior States of Eiffat, Shoa, and Abyssinia, and in return the Authorities at Aden will endeavour to encourage interior export trade through Tajowra.

ARTICLE 4

Sultan Mahomed bin Mohummed, of Tajowra, engages at all times to respecct and regard the friendly advice of any authorized person belonging to the British Government, and agrees not to enter into any other Treaty or Bond with any other European nation or person without, in the first instance, bringing the subject to the notice of the Government Authorities at Aden, so that the same may in no ways prove detrimental to his friends, the English, or their commerce. In return for these conditions, the British Government will observe the interests of the State of Tajowra, and do all in their power to assist in improving their commercial resources.

ARTICLE 5

Any subject of either power having committed crime or offence is to receive sentence awarded by their own Laws and Regulations.

ARTICLE 6

Sultan Mahomed bin Mohummed, of Tajowra, engages to protect and respect any British subject residing in his territories, provided the sanction of his Government be previously obtained, the British guaranteeing the same privilege to the people of Tajowra and its dependencies.

ARTICLE 7

In entering into any Bond or Treaty, or trading with either European or other powers, Sultan Mahomed bin Mohummed engages that no Bond or Treaty shall be acceded to or acquiesced in by him which will, either at the present or at any future. The Scramble in the Horn of Africa period, prove detrimental or injurious to the interests of the British, either in a political or commercial point of view, and in return for such agreement, the English promise that they will act in no manner which may have an evil tendency towards the State of Tajowra.

ARTICLE 8

We, Sultan Mahomed bin Mohummed and Captain Robert Moresby, of the Indian Navy, having met, and being mutually satisfied with each others powers, have ratified the above Articles for the benefit of both powers.

In witness whereof we, this 19th day of August, in the year of our Lord one thousand eight hundred and forty, corresponding with the 22nd day of Jemmadi-el-Akhar, in the Hegira one thousand two hundred and fifty-six, have attached our seals and signatures.

(Signed) Sultan Mahomed bin Mohummed, of Tajourra Sultan of Tajoura Agent to the British Govt.

Witnesses

Signed) Bemtha eben Mahomed, Minister.

(Signed) Aboobacker Murjan.

(Signed) Sharmakee bin Ali, Shaikh of Berbera

(Signed) Hajee Abdool Russool, British Agent at Mocha (Signed) Robert Moresby, Captain, I.N., Commanding H.C.'s Steam Frigate "Sesostris."

August 19, 1840

(Il-wareed: Aitchison's Treaties, Engagements, and Sunnuds, Vol. VII, pp. 320-321-Calcutta, 1865. Sunnuds, Vol. VII, pp. 320-321-Calcutta, 1865.)

Lifaaq 3

Heshiiskani waxa uu ku saabsan yahay iibinta jasiiradda Moussa oo Suldaankii Tojorra uu ka iibiyay Dawladda Ingiriiska, isla markaana uu goobjoog iyo markhaati ka ahaa Xaaji Sharma'arke. Sida laga garan karo cinwaanka, qoraalka markiisii hore waxa uu ku qornaa Afcarabi.

Translation of the Deed of Sale of the Island called Mussa, granted by Sultan Mahomed bin Mohummed to the British Government.

In the name of the Most Merciful God! The virtue of this writing is, that I, Sultan Mahomed bin Mohummed, Governor of Tajowra, I, for myself and posterity, bargained and granted the Island called "Mussa" to the British Government for ten bags of rice.

I agreed to and sold the said Island for the said quantity of rice, and it is belonging and pertaining to British Government. In the presence of the undersigned witnesses, and God is also witness between us, this 22nd Jemmadi-el-Akhar, in the year one thousand two hundred and fifty-six (1256) Hegira, or 19th day of August 1840.

(Signed) Sultan Mahomed bin Mohummed.

Witnesses:

(Signed) Bemtha eben Mahomed, Minister.

(Signed) Aboobacker Murjan.

(Signed) **Sharmakee bin Ali.**

(Signed) Hajee Abdool Russool, British Agent at Mocha
(Signed) Robert Moresby, Captain, I.N., Commanding H.C.'s
Steam Frigate "Sesostris."

The 19th August 1840

Lifaaq 4

Heshiiskani waxa uu dhex maray Sayid Maxamed Al-Barr,[137] waaligii ama badhasaabkii Saylac iyo Kabtan Moresby oo Ingiriiska metelaayay. Waxana uu ka dhacay magaalada Mukha ee dalka Yaman 3dii Sibtembar, 1940

Commerical Treaty entered into between Sayid Mohammed Al-Barr, Governover of Zaila, for himself and posterity, and Captain Moresby, of the Indian Navy, on the part of the Honourable East India Company

It being advantageous to both parties to enter into a treaty of peace and commerce, and that lasting friendship and good will should exist between each other, we, Sayid Mohammed Barr, Governor of Zaila, and Captain Robert Moresby, of the Indian Navy, on account of the honourable East India Company being fully authorized to do so, agree to the following capitualations and Articles:-

Article 1

That the English nation and all vessels, ships and boats lawfully sailing under the British flag, commanded by European or Native subjects of the English, having merchandize of description, shall be respected and permitted, without the slightest prejudice or molestation to their persons and effects, to enter and trade in the port of Zaila and all other

---

[137] Sayid Maxamed Al Barr, waxa uu ahaa Taliyihii Guud ee ciidanka Shariif Xuseen bin Cali Xaydar, Badhasaabka Mukha. Ninkan qoyskiisu ay xukumayeen Zaylac, ugana wakiil ahaayeen Shariifka Mukha, si sannadle ahna qoondo lacageed bixin jireen. Heshiiskanna si qarsoodi ah ayuu kula galay Ingiriiska isaga oo ka faa'iideystey maqnaanshiiyaha Shariif Xuseen. (E. Hertslet, A Memorandum on the Turkish Claim to Sovereignty over Eastern Shores of the Red Sea.... 1874)

ports under the Governor of Zaila, paying a duty of 5 per cent, upon all produce. The subjects of the Governor of Zaila shall also pay the same duty in all English ports.

Article 2

The Governor of Zaila will endeavor all in his power to introduce British property and merchandize into the interior State of Zaila, and engages at all times to protect, respect and regard the person or persons of English and their subjects and friendly advice of any authorized person or Agent belonging to the British Government, who while at Zaila to be respected and regarded. The English on their part allow the same to be done in their port of Aden, or elsewhere, and to assist the trade from Zaila.

Article 3

The Governor of Zaila engages not to enter into any Treaty or Bond with any other European nation or person, or allow other Europeans to settle in his territories, or pass through in any numbers, without bringing the subject, in the first instance, to the notice of the British Government at Aden, so that the same may be in no manner detrimental to his friends the English or their commerce, in return for which the English will do all in their power to assit the Governor of Zaila in improving his commercial resources.

Article 4

Any subjects of either power having committed crime or offence are to be punished by their own laws and customs of the countries they belong to.

Article 5

Sayid Mohammed Barr makes over the Island called Aubad (Caybat) near Zaila to the English Government for the harbor of their ships and vessels without any prohibition whatever.

We, Sayid Mohammed Barr, Governor of Zaila, and Captain Robert Moresby, of the Indian Navy, on the part of the English Government of India, do ratify and agree to keep faithfully the above articles that peace and friendship may be lasting between us: In witness whereof we have set our names and seals

(Signed)   B. Moresby, Captain, commanding II. C.'s Steam Frigate "Sesotris"

Mocha, The 3rd September 1840

Buugaagta kale ee qoraaga:

1. *Environment in Crisis: Selected Essays with Focus on Somali/ Qaylodhaan Deegaan: Qoraalo Xulasho ah, Ponteinvisibile/Redsea-Online.com (2010), Pisa, Italy*

2. *Dirkii Sacmaallada* (2012): *Meel-ka-soo-jeedka Soomaalidii Hore: Sooyaal, Rumayn, Ilbaxnimo.* Liibaan Publishers, Denmark. *ISBN #:* 978-87-995208-1-7

3. The Mystery of the Land of Punt Unravelled, Liibaan Publishers, Denmark. ISBN # : 978-8799520848

4. *SITAAD: Is-dareen-gelinta Diineed ee Dumarka Soomaaliyeed (2013),* Liibaan Publishers, Denmark ISBN #: 978-87-995208-2-4

5. *Maqaddinkii Xeebaha Berri-Soomaali (2014),* Liibaan Publishers, Denmark ISBN #: 978-87995208-3-1

6. *Environment in Crisis: Selected Essay on Somali Environment, Liibaan Publishers, Denmark Environment.* Liibaan Publishers, Denmark. ISBN #: 978-87-995208-5-5